"不忘初心 缅怀先烈"丛书

陈 新 张采鑫◎主编

为了"可爱的中国"
方志敏

刘 锋 著

花山文艺出版社

河北·石家庄

图书在版编目（CIP）数据

为了"可爱的中国"：方志敏 / 刘锋著. —石家庄：
花山文艺出版社，2023.1（2025.1重印）
（"不忘初心 缅怀先烈"丛书 / 陈新，张采鑫主编）
ISBN 978-7-5511-6087-2

Ⅰ．①为… Ⅱ．①刘… Ⅲ．①传记文学－中国－当代
Ⅳ．①I25

中国版本图书馆CIP数据核字(2022)第037820号

丛 书 名：**"不忘初心 缅怀先烈"丛书**
主　　编：陈　新　张采鑫
书　　名：**为了"可爱的中国"——方志敏**
　　　　　Weile "Keai De Zhongguo" —— Fang Zhimin
著　　者：刘　锋

策　　划：张采鑫　王玉晓
特约编辑：王福仓
责任编辑：申　强
责任校对：李　鸥
封面设计：书心瞬意
美术编辑：王爱芹
出版发行：花山文艺出版社（邮政编码：050061）
　　　　　（河北省石家庄市友谊北大街330号）
销售热线：0311-88643299/48
印　　刷：北京一鑫印务有限责任公司
经　　销：新华书店
开　　本：700毫米×1000毫米　1/16
印　　张：8.75
字　　数：115千字
版　　次：2023年1月第1版
　　　　　2025年1月第5次印刷
书　　号：ISBN 978-7-5511-6087-2
定　　价：39.80元

（版权所有　翻印必究·印装有误　负责调换）

Contents 目 录

引　子

"朋友！中国是生育我们的母亲。你们觉得这位母亲可爱吗？我想你们是和我一样的见解，都觉得这位母亲是蛮可爱蛮可爱的……"方志敏和他写下的《可爱的中国》，人们并不陌生，方志敏的文章《清贫》《可爱的中国》多年来一直被列入中小学课本，给广大青少年以革命精神和道德品格的滋养。

方志敏是江西农民运动的组织者和领导者，江西地方党团组织创始人之一，创建了中国共产党历史上最早一批苏维埃政权。他把马克思主义与赣东北实际相结合，创造了一整套建党、建军和建立红色政权的经验，毛泽东称之为"方志敏式"根据地。

方志敏参与领导弋横暴动，创建了拥有"铁的纪律"的红十军，创造了"出其不意、攻其不备、声东击西、避实就虚"的十六字战略要诀。

1935年，方志敏被捕。被捕之后，方志敏利用敌人要他写"供词"的纸和笔，常常彻夜不眠地写作。短短6个多月的时间里，写下了《方志敏自述》《我从事革命斗争的略述》《可爱的中国》《清贫》等16篇近13万多字的文稿，体现了他"爱国、创造、清贫、奉献"的精神内涵。

方志敏被敌人秘密杀害于1935年8月6日，年仅36岁，但是他的短暂一生是辉煌的，他为中国革命事业立下了不朽的功绩。他勤奋努力，著书立说，即使在狱中也奋笔疾书，这些作品一直广为流传，成了不朽的精神财富，激励和鼓舞着无数后来人；他的一身浩然正气和坚守理想信念永不动摇的气节，永远值得我们学习。

1925年12月，毛泽东在《中国社会各阶级的分析》中明确指出："中国无产阶级的最广大和最忠实的同盟军是农民。方志敏从事农民运动比彭湃晚几个月，比我毛泽东早几个月。"方志敏同毛泽东、彭湃一起被公认为"农民大王"。

方志敏一生清贫朴素，过着艰苦的生活，却始终乐在其中，骨子里透出一股浩然正气。在他被捕那天，两个国民党士兵本想从这位共产党大官身上搜出大洋和金条，"哪知道从我上身摸到下身，从袄领捏到袜底，除了一只怀表和一支自来水笔之外，一个铜板都没有搜出"。诚如方志敏狱中遗著《清贫》中所言："我从事革命斗争，已经十余年了。在这长期的奋斗中，我一向是过着朴素的生活，从没有奢侈过。""清贫，洁白朴素的生活，正是我们革命者能够战胜许多困难的地方！"

1999年8月20日，胡锦涛同志在《纪念方志敏同志诞辰100周年座谈会上的讲话》中评价说：方志敏同志一生对革命事业的耿耿忠心，在他身上体现的崇高品格和浩然正气，是我们党的宝贵精神财富。他一切从实际情况出发，不断开创事业发展的新局面；他始终保持旺盛的革命斗志，为了党和人民的利益，不屈不挠，英勇奋斗；他一身正气，清正廉洁，始终保持共产党人的政治本色和革命气节。

一、枫树布告

天快亮了，几个二十来岁的青年围在一起，小声争论着什么。忽然，争论声停止了，有人站起来，在屋子里走了几步，伸伸胳膊、踢踢腿，舒展一下筋骨，疲惫的脸上显示，他们又度过了一个不眠之夜。

这是1925年冬天，江西省弋阳县漆工镇湖塘村的一个农家小院里发生的事情。26岁的方志敏和他的胞弟方志慧、堂弟方志纯，以及以反帝反封建为宗旨的"弋阳青年社"的骨干社员邹琦、黄镇中、雷夏等人在商量办一个杂志。

方志敏站起来说："三年前，九江南伟烈大学一个同学来信说：国文老师张朝闻希望我再回学校去，他可以劝说学校帮助我的学膳费，但要我相信基督教。我写了封复信给他，说：'读书不成，只为家贫，千万人贫而失学，何止我方志敏一人。何况为了读书便必须信仰基督，那我决不甘心。现在，我也不愿意再读那些无意义的书，我要实际的去做革命工作了。'"

"是的，堂哥。"方志纯说，"1925年以来，弥漫全国的反帝国主义的民族革命运动——五卅运动起来了。这是中国无产阶级领导下极为浩大的群众运动，这是被压迫的中国民族的觉醒——睡狮的怒吼！这有我们南昌党团组织的后援与宣传的功劳！"

"志纯说得对！"方志敏表示肯定，他接着说："我们的刊物暂时定为旬刊，刊名《寸铁》。大家还有什么意见？"

"好！"几乎是异口同声。

"《寸铁》是什么意思？"方志纯问。

"铁是表示武器。要和敌人斗，光有文还不够，还要有武的，哪怕是一寸铁，也是战斗的武器。"

"鲁迅在《国民公报》所辟的专栏就叫'寸铁'，发表过很多杂感，起到了匕首投枪的作用；党中央机关刊物《前锋》和《向导》，都开辟了'寸铁'专栏，取短兵相接、寸铁杀敌的意思。"有人补充道。

"对！"方志敏欣赏地点点头，"《寸铁》就是我们掷向旧营垒的一支锋利的投枪！"

接下来，方志敏、方志纯和"弋阳青年社"的其他几个社员，凑钱买回了油印机、油墨、纸张、钢板以及刻板用的铁笔等，就在方志敏的小屋子里办起了弋阳的第一份油印刊物《寸铁》。

这是一张八开小报。小报印好后，由青年社的社员秘密地带出去，在弋阳各区乡散发、张贴。

当时北洋军阀政府搞的假民主竞选正在进行中，弋阳大地主、大恶霸黄理卿也参加了竞选省参议员的活动，他用钱收买选票，进行贿选。方志敏带领学生在漆工镇上讲演，鼓动拿到选票的群众把选票带回去，决不能投黄理卿的票；同时，写文章揭发黄理卿的罪行，撰写《猪仔议员》刊登在《寸铁》上，到处散发、张贴。

载有"黄理卿十大罪状"的这期《寸铁》，印数最多，散发最广，先是张贴在漆工镇周围村子里的墙头、板壁、门上，村子里贴满了，又贴到村外的交通要道上，贴在山路的石头上，贴在路边的枫树上，方志敏望着张贴着《寸铁》的枫树，笑着说："衙门有权有钱，专门有贴布告的布告栏。我们有数不清的枫树，供我们贴布告。他们是墙上布告，我们是枫树布告。"

不仅如此，方志敏还利用清算出来的选举费，巩固和扩大当地的义务小学和平民夜校，还请来青年共产党员祝炎担任代理校长兼教员。平民夜校学员有40多个青年农民，方志敏向他们宣传共产党的政治主张和俄国十月革命，讲解革命成功穷人有饭吃、有衣穿，可以减租减息、耕者有其田的道理，使夜校学员要求革命的愿望愈加迫切，成为当地农民运动的骨干。很快平民夜校学员就加入了农民协会，建立起漆工农民协会筹备委员会，这是方志敏担任国民党江西省党部农民部长之后，在赣东北地区创建的第一个农民组织。

方志敏的工作有声有色，吓坏了县里的豪绅地主，他们联名写信到省督军公署，控告方志敏鼓吹"赤化"，宣传"邪说"，还将贴有《寸铁》的门板，抬去告状，要求县衙门查办方志敏，为此，方志敏第一次受到反动政府的通缉。

二、少年立大志

方志敏受到反动政府的通缉，并非偶然，因为方志敏少年就立下

"为中国独立解放而奋斗"的大志。多年来他不断学习，磨练自己，如饥似渴地到《新青年》《东方杂志》等介绍新思潮的书籍中，寻求救国救民的真理和实用的知识，并且已经开始领导学生运动。

1899年8月21日，方志敏出生于江西省弋阳县漆工镇湖塘村，谱名远镇，乳名正鹄。到1916年，方志敏17岁时，进弋阳县立高等小学读书，始用学名方志敏，别号慧生。

湖塘村不大，有80余户人家，靠欠租欠债为生计的就有70余户。方志敏在《我从事革命斗争的略述》中对自己的家境有这样的记述：

> 在我村内，我家是一大户，男女老少，共三十余口，经济地位是足以自给的中农。我家种田二百余亩，有百余亩是向着地主租来种的，每年要向地主纳租二百余石。我家的男人，凡能耕种的，都一律种田；小孩子就放牛；女人在家里烧锅弄饭，洗衣喂猪，以及纺纱织麻，也要做着极大的劳动。

方志敏的祖父叫方名庚，是一个小绅士，有七男二女9个孩子；方志敏的父亲方高矗，是三儿子，读过几年私塾，粗通文字。他一生勤劳，除务农之外，还做些茶叶生意。母亲金香莲，聪慧贤淑，闻名乡里；种桑织麻，勤俭持家。

中日甲午战争结束不久，列强已开始了对中国的瓜分，清政府在风雨飘摇中，北方的义和团运动风起云涌。但这些并没有影响到赣东北信河流域贫困落后而且闭塞的农村。方志敏家乡农民一如他们的祖辈那样，在土地上求生，在地租下挣扎。

方志敏童年体弱多病，四五岁时腿软不能久立。每年正月初一，家族的长辈给小孩分人丁饼，别的小孩都争着要，方志敏却谦让不动。祖父对方志敏十分钟爱，当时家族人分七桌吃饭，祖父带方志敏独吃一桌。父母对方志敏也疼爱有加，希望他将来有出息。

方志敏8岁进入私塾发蒙，师从邻县德兴来的吴先生。入学前他用石头在地上写字，入学后用墨笔在纸上临摹，能诵读课本上的文章。

他把上学看成最高兴的事，方志敏在自述中说：

"我的天资，比较我的兄弟们都聪明一点儿。我在启蒙那年所读的书，就比同塾儿童三年读的书还更多。"

1908年，光绪帝病逝，慈禧选择3岁的溥仪作为新帝。不久，三次临朝称制、前后共把持清代朝政达47年之久的慈禧太后，也一命归西。

这一年，方志敏9岁，刚入私塾第二年。由于他天资聪颖，且勤奋好学，求知欲强烈，致使原来是做豆腐生意的、只能教授浅显古文的吴先生感到为难，他的知识已不足以教授这个不满10岁刚上学两年的孩子，于是到了年假，吴先生便辞教而别。

吴先生辞别后，六十多岁的严常星老先生被请来村里教书。严老先生是个秀才，学问高，教学经验丰富，更有伯乐慧眼，在教了方志敏半年书之后，他发现方志敏天资超人，便开始用心培养。他对方志敏讲些书中的字义文义，换句话说，是给方志敏吃小灶，所以，读了几年书之后，方志敏的文字基本功很扎实，可以写些短文章了。

严先生的女婿张念诚，是漆工镇严家村人，家有300多亩水田和100多亩洲地，四代享有绅权，有弋阳"北乡王"之称。张念诚听岳父说起过方志敏是个神童，便刻意几次接触，并出对子当面考试，方志敏对答如流，由此，张念诚喜欢上了方志敏。

两年之后，到了1910年，方志敏失学在家。一是因为连年大旱，湖塘私塾闭馆；二是按照湖塘方氏族规，各辈人的男性，每人都只准到私塾读书三年，然后回家学农事。

方志敏失学在家的第二年，辛亥革命爆发，方志敏想继续读书的念头非常强烈。1912年，方志敏到离家十几里的烈桥老屋张家，进了张念诚新开办的学堂读书。张念诚开办学堂是在辛亥革命后，他在乡间率先剪掉辫子，又带头"废私塾，办新学"，在家中抽出几间大屋做教室，自任名誉校长。

方志敏当时是太想读书了，刚过完元宵节，他偷偷拿了父亲做茶叶生意的300个铜板，跑到张念诚家要求上学。方志敏的父亲得知后，追到张家训斥方志敏。父亲打算让方志敏去漆工镇一家商号当学徒，学做生意。张念诚阻止说："你让正鹄去学做生意，就好比把明珠美玉丢进茅坑里。家无读书子，富贵从何来？你的子弟不是做生意的子弟，是读书做官的子弟。你可以把300个铜板先拿回去，我决意要让正鹄在我家搭学。"

方志敏的父亲也愿意让儿子多读几年书，就答应了。在张念诚家搭学半年后，严常星更感到方志敏可教，对张念诚说，正鹄有奇才，你要培养他，收他为义子。张念诚托人向方志敏的父母提出此事，还想把女儿许配给方志敏，但都被方志敏拒绝了。

在张念诚家搭学一年后，方志敏经常看到张念诚欺压佃户，放高利贷逼死人命等，对他为富不仁的行径感到非常不满，对穷苦乡亲充满同情。这一年，贫苦的舅祖母去世，方志敏为她撰写了祭文，乡亲们说："这孩子是菩萨心，有出息。"

1914年，15岁的方志敏离开了张念诚家，在家务农，他又一次失学了。而这一年，第一次世界大战爆发了。在中国，孙中山在"二次革命"失败后，感到国民党组织不纯，人心涣散，决心重组新党，在日本东京成立中华革命党。

失学在家的方志敏，对农民群众受剥削压迫、终年辛勤劳作却得不到温饱的痛苦有了更深的了解，萌生"如何使太富者小康，赤贫者不贫"的均富思想。1915年发生了袁世凯称帝的闹剧，革命党人到处遭受镇压，方志敏对于外面的世界充满好奇，他决心要外出求学。

1916年秋，方志敏考进了弋阳县立高等小学，开始用学名方志敏。他的学费主要由湖塘方氏祠堂的学谷支付。在这期间，他勤奋好学，并广泛阅读进步书籍，大胆追求新思想新文化。

1915年，袁世凯政府与日本帝国主义签订了卖国丧权的"二十一条"，激起了全国人民的强烈反对。消息传到弋阳后，方志敏立即组织学生和爱国青年上街游行示威，并带头抵制日货，还多次组织了反帝爱国活动。通过这些活动，方志敏将弋阳县城和漆工镇家乡的进步青年团结在自己的周围，继而成立了"九区青年社"。该社后来发展成为"弋阳青年社",青年社的大部分青年,以后都加入了社会主义青年团和中国共产党,成为革命的火种和骨干力量。

1920年秋,20岁的方志敏以第一名的优秀成绩,从弋阳高小毕业,考入江西省立甲种工业学校。

三、谈笑尽工农

刘禹锡的名篇《陋室铭》中有句广为人知的名句"谈笑有鸿儒,往来无白丁",但是方志敏却反其意而用之,他把自己的房间叫做"陋室",他自己写的"陋室铭"中有两句是"谈笑尽工农,往来无豪绅"。他把这两句话写到纸上,贴上墙,提醒自己要多和工农接触,不和"豪绅"往来,他也一直是这样做的。此前方志敏是江西省甲种工业学校的一名学生,但因为领导学潮,被学校开除了,他只能回到弋阳的老家。

江西省甲种工业学校,是一所理工科中等专业学校,设有机械、英化(英语、化学)和土木工程三个专业,学制4年,在当时的南昌,算得上是一所高等学府,一共有学生300多人。但是学校的教学质量低下。青年学生求知欲很强,时间就这样被耽误了,尤其是方志敏,对此很不满,但校长赵宝鸿经常在学生面前夸奖他请来的都是博学鸿儒,完全不知学生非常厌恶这些"饭桶老师",校长的这些言论致使学生更加反感。

1920年"双十节"前数日,学校举行辛亥革命九周年纪念晚会,南昌各学校学生都在编排文艺节目,准备参加联合演出。由于"甲工"是全省著名的学校,自然不能缺席,学校也做了相应的安排。方志敏编写了一出讽刺喜剧,内容是表现一位私塾的冬烘先生,教蒙童读《百家姓》,摇头晃脑地讲课,借以讽刺学校教学内容的陈腐落后,一些教师的不学无术。

感觉丢了脸的赵宝鸿第二天以校长的名义在学校贴出布告:

"查方志敏不遵守校规，目无师长，着记大过一次，以儆效尤。"

这张布告反倒使"甲工"的丑闻传得更快了。

接下来发生的事情，使方志敏不再沉默。

就在这一年，南昌的雨水特别多，"甲工"学校的校舍建成才两年，而不少教室和学生宿舍竟然陆续出现墙倒屋顶漏雨等现象。方志敏和学校学生自治会的同学经过多方调查，才知道校长赵宝鸿在建设校舍时偷工减料，挪用建设校舍的建筑材料和建校款，在本市为自己建造了一所华丽的住宅。

调查结果公布后，学校哗然，学生们一致要求进一步调查学校账目。方志敏代表学生自治会，在全校大会上，公布了学校贪污学生缴纳的图书费、体育费等杂费的实际情况，以及财会人员贪污学生伙食费、降低伙食标准、损害学生健康的行为。腐败的真相让学生群情激愤。学生自治会立即推举方志敏等4位学生代表，向学校提出了4项要求：

一、清算历年学校建筑经费；

二、公布全校历年学杂费收支账目；

三、按照学生实际人数，配置厨工，由学生自治会办伙食；

四、撤换不称职的教职员。

学生的要求可以说是正当的，且有理有据，可是蛮横的赵宝鸿说学校的经费开支和人事任免，完全属于学校行政职能，学生无权干涉。他污蔑学生受到坏人的利用，煽动学潮。他放出话来，如果不收敛，一定严惩不贷。

赵宝鸿以为用这样高压的手段能吓唬住学生，可是他错了。在全校师生大会上，方志敏等学生代表据理反驳说，学生争取合法权益，理所当然，校方更不能剥夺学生自治会的民主权利。赵宝鸿理屈词穷，气急败坏，只能灰溜溜地离开。

第二天早晨，赵宝鸿挂出校长告示，将方志敏等4名学生"着即开除"。愤怒的学生砸毁告示牌，高喊"开除校长"。学生自治会决定，号召全校罢课，结队上街游行。"甲工"学生走上街头，高喊"驱逐赵宝鸿"的口号，向省教育厅请愿，要求恢复4名同学的学籍，惩办贪污渎职的校长赵宝鸿。

由于当时已经是下午5点多，教育厅的官员已经下班，这时候，有人提议到赵宝鸿的家里去。这个建议得到了学生们的响应，在方志敏的带领下，他们直奔赵宝鸿在凌云巷的华丽宅院。赵家的朱漆大门紧闭，乌黑的门环被风一吹，晃荡起来，宅院里一片寂静。学生的敲门声得不到回应，仿佛家中并没有人，盛怒之下学生用石头砸开了大门。一时间，人群像是决堤的洪水，涌进了赵宝鸿家的院子。围观的人越来越多，学生没有能找到赵宝鸿，盛怒之下，他们把门窗器具都砸烂了，总算把一口恶气发泄出来。

赵宝鸿当夜就找了省教育厅厅长许寿裳和省督军陈光远，污蔑学生是"暴徒"，请求派兵平息学潮。他的请求得到了陈光远的支持。这时，学生还蒙在鼓里，完全不知道一点儿消息。

第二天清晨，呈现在学生面前的是一个如此恐怖的景象——一队荷枪实弹的军警凶神恶煞般站在校门两侧，个个如临大敌。见到这个阵势，学生们并没有退缩，他们非常气愤，自发在学校里组织起来，痛斥赵宝鸿的卑鄙行径。躲在暗处的赵宝鸿心惊肉跳，终日不安。

当时全国革命形势高涨，赵宝鸿害怕学潮扩大，掌控不了，另一方面他又不愿答应学生的条件。经过一番苦思冥想，这个坏透了的校长想出了一个歹毒的阴谋。

过了一天之后，学校突然再次贴出通告：

"由于特殊情况，学校提前放假。"

这是釜底抽薪的坏主意，这样一来就瓦解了学生的斗争，尤其是刚上预科的学生，年龄小，又是刚离开家，一看到放假，立即就收拾行李离开学校了。毕业班的学生为了自己的前途，怕毕业后失业，也开始退缩了，这样几乎一多半的学生走了。

赵宝鸿的计谋眼看就要得逞，这场斗争就要被算计掉，方志敏万分着急，他当即召开学生自治会会议，决定组织宣传队，向全市民众揭露赵宝鸿的卑劣行为，同时向南昌学生联合会请求支援。

6月13日，南昌学联召开了南昌各校学生代表会议。会议听取了方志敏关于"甲工"学潮的情况汇报，并作出决议，以书面形式劝告赵宝鸿自行辞职，限他在12小时内给予答复，否则，全市学生将共同采取行动。消息传到"甲工"，学生们都十分高兴，争相把这好消息告诉身边的人，几天来的沉闷气息一扫而空。

赵宝鸿并非善类，他自恃有后台，督军是他的靠山，对学联的"通牒"不屑一顾。

6月15日，已过了最后通牒的期限，赵宝鸿无动于衷，方志敏率领"甲工"百余名学生，举着"赵宝鸿摧残教育"和"头可断、血可流，人格不可失"的牌子和标语，向各校游说，揭露赵宝鸿摧残教育、迫害学生的丑恶行径。他们所到学校，学生们纷纷响应，都投入到"甲工"学生的斗争行列中，整个活动轰动全市。

赵宝鸿的如意算盘落空了，学潮越闹越大，赵宝鸿成了热锅上的蚂蚁，已经走投无路了，迫于压力，他辞去了校长职务。

学生斗争胜利了！这胜利来之不易。斗争的领导者方志敏成了南昌学潮的风云人物。他由袁玉冰、黄道二人介绍，加入了江西进步革命团体"改造社"，参与社刊《新江西》季刊的编辑工作，成为该刊的主要撰稿人。

轰轰烈烈的学潮斗争胜利了，赵宝鸿辞职了，但是年轻的学生们忽略了赵宝鸿背后的靠山的力量，在江西省督军的作梗下，方志敏等4人的学籍并未得到恢复。1921年6月下旬，方志敏毅然离开了"甲工"，返回弋阳老家。

四、血呀！我为谁呕？

1921年7月，中国共产党第一次全国代表大会在上海举行。

这年秋天，回到家乡的方志敏到九江报考了南伟烈大学，插入该校旧制中学二年级学习。

　　南伟烈大学是美国人办的教会学校，南伟烈的学生，每天都要做礼拜，星期天更是整个上午做礼拜，这使方志敏很难受，尤其使他受不了的是，有些同学见到洋人就点头哈腰，一开口就是连说："yes！"一副奴才相。据说这样对洋人表示尊敬，毕业时就能谋个好事做。方志敏来这所学校读书，本非所愿，只因教会学校收费少一些，又是洋人的势力范围，弋阳县和江西省政府都管不着，因此就到这里来暂时栖身。

　　方志敏原想，这洋学堂外语教学应该会好一些，借此机会也可以学点儿英语；可是事实上，这里的英文老师也和"甲工"的英文老师一样"饭桶"。有一位姓朱的英文老师，原是个游手好闲之徒，因为信洋教，巴结上洋人，跑到美国去混了几年，回来就当上了这里的英文教员，其实此人并不懂教学法，只知叫学生死背原文。

　　更令人哭笑不得的是这位朱老师还兼任地理课。有一次，他面对挂在教室的中国地图，指着东北的黑龙江，竟说"这里是扬子江"，顿时引起全班同学的哄堂大笑。这样不学无术的教师，在南伟烈并非个例。但只要他们得到洋人的欢心，不管他们课教得多么差，学生是不能说话的。学校的现状已令方志敏不满，加上日常所见，无非是帝国主义的军舰沿着长江耀武扬威，高鼻子洋人在江边码头任意欺侮穷人苦力，这种种现状都使他痛心疾首。

　　可是，家里想方设法供他来九江上学，如果不认真求得真才实学，那不但对不住父母和家庭，也是浪费自己的生命。于是他想，既来之，则安之。不管环境条件如何，认真自学一点儿真本领总是有益的。基于这种认识，他刻苦用功，因之成绩列为全班之冠。他也不做两耳不闻窗外事的书呆子。眼见学校当局禁锢学生思想和禁止学生外出参加社会活动，他就针锋相对，热心向同学宣扬和介绍自己从报纸杂志得到的时代讯息和进步思想。他和龚钦榆、常伟鸿、商子俊、黄昌年等几位要好的同学，组织成立了读书会，阅读进步报刊，学习《资本论入门》《共产主义ABC》和《共产党宣言》等著作，眼界胸怀为之开阔，思想产生飞跃。由于他经常利用读书会这块小阵地，和同学们讨论俄国十月革命和社会主义问题，同学们都称呼他为"社会主义"，常半开玩笑地问他："你又有什么关于社会主义理论来告诉我们呢？"于是，他尽其所知，向同学进行耐心解释，在同学中产生了积极的影响。

不久，方志敏的读书活动，被校长张伯鸾知道了。校长多次召他到办公室去询问，而且一次比一次更加严厉地指责他，并一再威胁他，如果再搞下去，就要给予记过甚至更严厉的处分。有的同学不免紧张，问方志敏："怎样办？"他斩钉截铁地回答说："不管他！我们还是读我们的书吧……"从此，张伯鸾便派人暗中监视他的行动了。他订的报刊经常收不到，信件也时有丢失。事后一打听，原来是校长责令门房给没收了。于是，方志敏便托九江市一位朋友代为收转报刊和信件。方志敏组织的读书会继续活动，并未因校长的干预而解散。随后，这种读书活动还从南伟烈扩展到九江第六师范和第三中学。

方志敏心有所思，都写成小说、诗歌等，在《民国日报》《新江西》等刊物上发表，他的文章和诗歌，描述无数受苦受难的劳动者，抨击世道不公，提出"如何使赤贫者不贫"的社会问题。

1921年11月至1922年2月，有中国参与的华盛顿会议召开，签订了《九国公约》，主要规定："维护各国在中国全境之商务实业机会均等"和"中国之门户开放"的"原则"，该条约使中国陷入受列强共同支配的境地。消息传来，全国震惊。九江学生举行示威游行。由于读书会所产生的影响，方志敏成了这次爱国运动的领导人之一。

1922年3月，中国社会主义青年团发起组织"非基督教大同盟"，团中央机关刊物《先驱》上连续发表文章，倡导这一行动。方志敏又和几位进步同学一起商定，把"读书会"改为"非基督教大同盟"小组，组织同学走上街头，贴标语，发表演说，揭露帝国主义者披着宗教外衣，以办学为名，进行文化侵略之实。

1922年6月，方志敏策动了南伟烈大学与省立九江三中、第六师范，联合发起要求"行政公开，惩治专制腐败"的罢课请愿学潮，得到其他学校的迅速响应，引起北洋军阀地方当局的恐慌。九江镇守使吴金彪几次要求校方开除方志敏，但学校考虑到方志敏各科成绩很好，在学生中威信很高，担心开除会引起学潮，没有答应地方当局的要求。

但是，方志敏此时却主动提出退学，这源于他父亲的一封信。父亲在信中说不能再筹款寄来，为供儿子读书，父母已借下了700元大洋的巨债。方志敏回忆："决然废学，固然是借贷无门，无法筹得学费，同时也不愿因我一人求学，给全家人以如此深重的忧愁！"还有一个原因是，"接到上海一位朋友寄来一份《先驱》报"，赞同"它提出结成民族统一战线，打倒帝国主义、打倒军阀"的政治主张，更加决心结束一年教会学校的生活，要去上海加入社会主义青年团。

这年夏天，方志敏回到家乡，在弋阳县城东法雨寺养病。然而肺病却是难得痊愈的，何况这呕血的恶疾，不能不和贫穷的现实联系起来，这就使他越发感到心情的压抑，他写下《呕血》一诗：

啊，什么？
鲜红的是什么？
血吗？
血呀！
我为谁呕？
我这般轻轻年纪，就应该呕血吗？

啊！是的！
我是个无产的青年！
我为家庭虑，
我为求学虑，
我又为无产而可怜的兄弟们虑。
万虑丛集在这小小的心儿里，

哪能不把鲜红的血挤出来呢？

啊！是的，无产的人都应该呕血的，
都会呕血的——何止我这个羸弱的青年；
无产的人不呕血，
难道那面团团的还会呕血吗？
这可令我不解！
我为什么无产呢？
我为什么呕血呢？

这时，他收到一位同学的来信，谈及南伟烈大学国文教师张朝闻对他很关心，认为他才华过人，却中途辍学，非常可惜。信中透露出校长张伯鸾的意思，只要方志敏不再醉心于社会主义"邪说"，做上帝的顺民，还可恢复学业，学膳费由学校供给；因此，这位同学恳切地劝他还是回九江读书。

方志敏反复考虑后，给这位同学回信说："读书不成，只为家贫，千万人贫而失学，何止我方志敏一人。何况为了读书便必须信仰基督，那我决不甘心。现在，我也不愿意再读那些无意义的书，我要实际的去做革命工作了。"

在南浔铁路上运行的火车，风驰电掣，又将方志敏载到九江。他离开九江虽然只不过3个月，但心情却大不一样。从弋阳到南昌，从南昌又到九江，辗转求学，却多受波折；如今，他又将远离故乡，去寻求一种更新、也更陌生的生活，心情兴奋而又有一丝淡淡的惆怅。但他坚信，路，是人走出来的。

一到九江，他就去国文教师张朝闻家里，向他请教并辞行。张老师关心地问长问短：

"你到上海准备怎么办？是去求学，还是找工作做？"

"两方面意思都有，想找个小事做，以便半工半读。"

"如果找不到工作做，又打算怎么办呢？"

"我想去闯闯看，到那些报馆、印书馆去，总会有同情穷学生的人吧？"

"同情穷学生的人当然是会有的，但总得有个引线人才好。"张老师若有所思地说。

"老师有没有至亲好友在上海，可不可以……"方志敏听出老师的心意，急切地问道。

张老师为难地摇头："我在上海不认识什么头面人物。不过……你太冒失啦！年轻人哪，张校长一番好意，他想栽培你成材，可你反倒误会了。你写的那封信，幸亏我没给他看。回头我去求求校长，看他肯不肯为你写封信。明天你再来听回音吧。"

第二天，张老师果然拿到了校长的一封介绍信和一张名片，并买了一张四等舱的船票交给方志敏。方志敏怀着感激的心情，登上怡和公司的轮船顺水而下。

五、成为一名为社会主义奋斗的光荣战士

1922年7月，方志敏来到上海。

上海是个大都市，方志敏来到这人地生疏的十里洋场，整天顶着骄阳奔走，还须忍受人们的奚落和冷遇，这对于自尊心极强的青年人来说，实在比太阳的灼烤更加难受。

以前，只凭报刊描绘所得来的印象，认为偌大的上海，要找个糊口的工作绝非难事。然而事与愿违，奔走了几家报馆和印书馆都被人斜着眼角藐视一番：接待的人面带冷笑，三言两语就把他打发走了。

方志敏精疲力竭，疲惫而又憔悴，他在江西同乡会暂且安身，省吃俭用，所剩无几的一点儿钱他要省着花，不知道前途何在。

后来，方志敏找到了《先驱》报编辑部，见到了久已闻名的恽代英、向警予，得到他们的鼓励和启发；更在那里结识了江西南丰籍的赵醒侬，彼此都是失学无业，同样的境遇，使他们的心很快拉近了，

经过一番相处他们互为知己。后来，由赵醒侬介绍找到了改名罗漫的同学同乡洪宏义，二人一起租赁法租界的一个亭子间住下。

一日黄昏，疲惫的方志敏推开房门，一头倒在床边的地铺上。同住的罗漫，见他如此颓唐，关切地问道：

"怎么，还是没指望？"

方志敏直瞪着两眼，仰望着天花板，无力地摇了摇头。

"教会学校校长的介绍，也不管用？"

方志敏懊恼地摇头，他原不想仗着南伟烈校长的面子，去登门拜访那个中国的洋教牧师，但几近山穷水尽，他也要生存，在万般无奈的情况下，他的拜访更使他自尊心受挫。那个假洋人，斜眼瞟了一眼介绍信便随手把它搁在花园的石桌上，阴阳怪气地说："想到上海来混事，谈何容易？"然后对方志敏爱理不理，只是用一个小锉修剪指甲。方志敏无法忍受这种盛气凌人，拔腿走出了洋房。现在，他不想向罗漫叙述这一经过，只是说：

"不用问了，洋奴信教，不会有好人。"

就在这时，敲门声响起，打开门，方志敏喜出望外。

"哟，先兆兄，什么时候来上海的。"

"前天到的。刚才照你信上写的地址，可是找不到这个法租界的地方，便向一个外国巡捕去打听。那巡捕不知在哪儿受了气，对着过路的中国人恶狠狠地瞪眼睛。我问他巨鹿路怎么走，他一句话也没说，竟扬起巴掌打我一耳光。法帝国主义统治着的租界，就这样野蛮、欺负人。"

"这外国人，他自己当亡国奴，竟到上海来狗仗人势。"罗漫愤愤地说。

方志敏抑制不住一声长叹："在上海，最好是躲在鸽子笼里不出去，倒可以眼不见为净。如果有事情非出去不可，准会怄一肚子气。到处是高傲的洋人，举起'文明棍'在黄包车夫或苦力身上挥舞；到处可看到喝得烂醉的外国水兵，在马路上寻人殴打，调戏女人；到处可看到三道头或印度红头阿三，手拿哭丧棒，打在衣不蔽体的穷苦人身上。假如你走到所谓'西牢房'墙外面，侧耳细听，你一定可以听见一声声痛苦哀号，那便是西洋捕头包探，对中国囚犯滥施毒刑的惨叫。这就是半殖民地平民的命运，这就是中华民族在帝国主义铁蹄践踏下的哀鸣。"

方志敏头痛欲裂，躺倒在地铺上，四肢伸直，痛苦地闭上眼睛。徐先兆看到好朋友如此，很想设法来安定他的情绪，便装出轻快的样子说："不谈这烦人的事情吧，我和你难得在上海见面，陪我到公园里去散散心吧？"

罗漫一听这话，立刻向徐使个眼色，制止他再说下去。徐先兆摸不着头脑，低声问："怎么一回事？"

"哎呀，你不要再提玩公园了，他……"

"为什么？"

"上次……"罗漫原想告诉他事情的经过，但转眼见方志敏由于激愤和劳累而显得极度疲乏的神情，实在不愿重提近日的创伤，便急于收口："以后再告诉你。"

"不，"地铺上发出方志敏严峻的声音，"应该告诉他。"接着，他坐起来，背靠着墙壁，压制自己的愤怒，缓缓地说：

"我来告诉你，那天下午，也像今天一样，因为天天到处奔走，找不着工作而郁闷，恰好碰到罗漫和季方，他们二人邀我去法国公园散散心。可是我们做梦也没有想到，一走到公园门口，就看到一块刺目的牌子：'华人与狗不准入内。'这几个字让我觉得脑子在发炸，脸上火辣辣地发烧，感到从来没有受过这样的侮辱！你想，法国人在中国的地方建造公园，而我们中国人反而不准入内——而且把我们和狗等同起来。先兆兄，帝国主义对我们如此侮辱，你想想看，只要不是断了气的死人，只要不是一个甘心情愿做亡国奴的懦夫，哪能不把肺都气炸。难道我们还不应该为积弱的中国去和帝国主义列强奋力战斗吗？"

"你说得太对了。"徐先兆紧紧地握住他的手。

"可是我自己又如何呢？什么都干不了，连自己的生存都没有得到解决，我太没有用啦！"方志敏又感到一阵剧烈的头痛。

"谁说没有用啊?"话音未落门被推开了,走进一个既黑又瘦还戴着深度近视镜的文弱书生,方志敏当即站起来为徐先兆介绍:

"他是赵醒侬,我们省南丰人。"接着又给赵醒侬介绍,"他叫徐先兆,铅山人,在《大江报》工作。"

4个人席地坐下后,赵醒侬说:"我不同意慧生的看法,说我们没有用,其实,我们有用得很!"

"醒侬兄,我说的无用是指自己而言。"方志敏申辩,"你是了解我的。我眼下的苦闷,是因为生活无着落,但更多的实在为我们国家的出路揪心。我感到中国目前的情形,就像一个得了严重肺痨的病人,一天天瘦弱,一天天接近死亡。这灯红酒绿的上海,表面上看去,似乎很热闹,其实不过是肺痨病患者脸上泛起的红潮而已。这长江口岸的十里洋场,早就成了各帝国主义吮吸我中华血液的唧筒。眼见这班作威作福的洋人,随时随地总以中国土地上的主子自居,把我们华夏子孙,看成猪羊牛马。可是,北洋军阀为了壮大自己的势力,居然勾结洋人,不惜开门揖盗。至于横征暴敛,不管老百姓死活,那就不必说了。所以,我们在憎恨帝国主义的同时,更憎恨军阀反动政府。然而我自己呢?尽管心想推翻这势力,拯救民族危亡,可是完全没有办法,所以只得怨恨自己无能,不能不痛心疾首……"

"不要再说了,志敏老弟。"赵醒侬打断他滔滔不绝的牢骚,"何必这样愤激呢?这是有伤身体的。国势艰危,人心思动,你这种感情是很自然的。不过无论什么人,不管他有多大的宏伟志愿,若想凭个人的力量来改造社会,总是无能为力的。"

"那么到底怎样来做呢?"罗漫也发议论了,"民国初年,提倡实业救国,孙中山主张'天下为公',有人主张老子的'无为而治',无政府主义者反说什么'非无组织也,无强权也'。更有胡适的'多研究些问题,少谈些主义'。究竟哪个是真理呢?"

"我看,还是要多读书,印证周围社会实际情况,追求真理。"方志敏说,"譬如俄国的十月革命,就是马克思主义起了指导作用。"

"对,志敏老弟这几句话,说到点子上来了。"赵醒侬从衣袋里掏出一本书："今天我特意带来这期《先驱》给你们看。"大家立刻围拢来，看他翻开手中的报纸，说道："中共中央第一次提出对于时局的主张，批判'恢复国会''废督裁军''联省自治'，提出民主主义联合战线，'消除内乱，打倒军阀'，共同向帝国主义势力坚决斗争。这个主张怎么样？"

"好得很！"方志敏立即表示赞同，同时提出埋藏在心灵深处的愿望，倘若能参加中国共产党，成为战斗的一员，那该有多好。

尽管他说得很含蓄，赵醒侬还是明白了他的心愿，诚恳地对他说："我刚到上海的时候，白天卖报，晚上露宿街头。在漆黑的夜空下，亲眼看见黎明逐渐取代黑暗，那是非常有意思的。由此我联想到，我们黑暗的祖国，也正在苦难中孕育着光明。这光明的到来，必须由我们去争取。我们要唤醒民众，团结起来，和反动势力做斗争！所以，我还是那句老话，求学是可贵的，追求真理是应该的，灰心丧气和发牢骚，毫无实际意义。尤其是你要保重身体，注意健康。你不是很向往革命的党团组织吗？我相信中国共产党绝不会将纯正的革命青年拒之门外的。那么为了革命的需要，也要有健康的身体去担当重任呀。"

方志敏频频点头，忽然叹了口气说："你的话固然不错，不过我现在穷得要命，哪有钱买药治病啊？"

"有办法，你不是会写小说吗？闲着没有事，写点儿文章去投稿嘛！拿点儿稿费，不无小补。何况你文章写得好，也是为革命做宣传嘛。"

"好，我试试看！"方志敏如醍醐灌顶，被一语点醒，他胸中升起一股豪气，似乎看到一盏明灯在为他指路。

和醒侬分手回到亭子间，躺在地铺上，顾不上讨厌的蚊子叮咬，方志敏的脑子里思索万千，所有的遭遇像电影一样，在他脑海中展现出来。

方志敏写着写着，越写越顺手，越写越流畅，蚊叮虫咬似乎都不存在了，方志敏的笔下流淌的是涓涓的文字、无声的呐喊。

第二天下午，方志敏将这篇题名《谋事》的短篇小说，亲自送到上海《民国日报》，这篇文章发表后，被评论为"真是拿贫民的血泪涂成的作品"。

上海《民国日报》是1916年1月为反对袁世凯而创办的，后来成为国民党的机关报。同年6月，该报总经理邵力子砍去了原先一些庸俗的栏目，开辟《觉悟》副刊。他除了亲自任副刊主编外，还请新文化运动的勇士、我国第一个翻译《共产党宣言》的陈望道协助。这样一来，该副刊便颇具革命色彩，所刊文章提倡推翻旧文化、旧文学、旧制度，向新文化进军，号召广大知识青年向旧社会做斗争，主张妇女解放、男女平等。邵力子一度每日亲撰短评、时论，大力宣传马列主义，鼓吹革命。

邵力子早年加入同盟会，并与柳亚子发起组织南社，提倡革新文学。1920年加入上海共产主义小组，同年加入中国共产党，其一直主张国共合作。当时《民国日报》的《觉悟》副刊在社会上产生了强烈反响，吸引了许多像方志敏这样的革命青年。

方志敏在甲种工业学校读书时，就是它的热心的读者。《觉悟》副刊登了一篇以《捉贼》为题的白话小说，描写学生们吊打小偷的情景，方志敏看了曾给报馆写信，申述自己的见解。他在信中写道：

"小偷是不是算顶坏的？比他坏的，触目皆是。军阀、政客、资本家、地主，哪一个不是操戈的大盗！为什么大盗逍遥自在，受人敬礼，而小偷却在此地被吊起敲打？"

这封信引起了邵力子的重视，当即给方志敏回信予以勉励，并约他给副刊写稿。以后，方志敏在《觉悟》副刊上发表了他的第一首白话散文诗《哭声》以及《呕血》等作品。

方志敏后来去拜访了邵力子。邵力子了解到方志敏在上海举目无亲，求职无门，就热诚地对他说："一个大学毕业生想在上海谋个小学教员当也难，你就在我们报馆边工作边继续求学。"方志敏于是在《民国日报》担任校对工作，月薪20块银元，生活总算有了着落。在这同时，赵醒侬又通过恽代英，把方志敏安排在上海大学（前身为东南高等专科师范学校）社会系旁听，这就实现了他的"半工半读"的夙愿。这时，尤其使方志敏高兴的是，经赵醒侬介绍，他加入了社会主义青年团，从此成为一名为社会主义奋斗的光荣战士了！

在《民国日报》工作不到一个月，一天上午，赵醒侬突然通知他，组织决定，要他离沪返赣，去南昌开辟工作。方志敏愉快地接受了组织决定。

六、建立江西第一个社会主义青年团支部

1922年8月，方志敏肩负着"开辟工作"的重任，重返南昌。由于他过去与《大江报》主编、国民党党员张田民是朋友，方志敏暂时住在大江报馆。

方志敏从上海动身时，赵醒侬交代要尽快办起一个文化书社，宣传马列主义，唤起民众。当时，中国共产党成立才一年多，在南昌没有任何工作基础，一个年方23岁，刚刚加入了中国社会主义青年团的团员，要独当一面地开辟一个省城的工作，困难还是很大的。

"方志敏回来了"的消息很快地传开了，许多老同学都来看望这个当年闹学潮、名噪一时的风云人物。顿时，他下榻的大江报馆的这座小楼热闹起来了，方志敏从见面的熟人中了解到许多情况。一中的崔豪、汪群，一师的邹努、冯任，还有女职的肖国华，如今已"笃信马克思列宁主义，要做革命家啦"！方志敏心想，事情如何下手，自己也心中无数，何不找他们谈谈呢，群策群力嘛。于是他分别与崔豪等接触，并邀集他们来自己的住处聚会。

"方兄筹办文化书社，不知有何具体计划？"崔豪开门见山地问。

方志敏摇摇头："我只想办个书社，宣传马列，唤起民众，但并没有具体计划。"

"这就难了。"

"不难，怎么叫革命？"冯任插话说。

"是这样。"方志敏接着说，"因为难，所以才邀集老同学们献

策献力呢。"

大家讨论的结果，一致赞同办个书社，定名为"南昌文化书社"，方志敏自任经理，负责筹办工作；为了扩大影响，决定发表一个宣言；但大家都感到最困难的是经费问题。

9月10日，《南昌文化书社宣言》发表了：

> 荒凉的江西！没有文化种子的江西，居然也有"文化之芽"了！但是发生于这个"不毛之地"的"文化之芽"，虽不致枯萎去，也怕不能蓬蓬勃勃地滋长起来。那么，就应用人工的灌溉法，从别处运输"衰其杜阿"（H_2O）来供应它的需要。我们这个文化书社，就是要实行这个使命。
>
> 杜威说："人类文明的进步，完全靠着知识思想的自由交通。"我们希望这个书社能够做那知识思想交通的一个工具。
>
> 我们希望将来的江西青年思想界，开出几朵笑眯眯的"文化之花"来。

这个《宣言》在南昌街头贴出后，在知识界，尤其在学生中引起了较大的反响，他们希望书社早日开业，为他们提供最新的书刊。

肺病是方志敏青年时期最凶顽的敌人，它损害了方志敏的健康，大大妨碍了他的学习和工作，也使方志敏一度郁闷。

方志敏不顾疾病缠身，很快就赴赣南农村搞战地调查。方志敏在给北京大学袁玉冰的信中说这次战地调查"共二十天，所遇的没有一件不是伤心事"。

赵醒侬从上海购买的进步书刊也运到了南昌。经过一个多月的积极筹办，10月初，南昌文化书社开张营业了。这个书社，虽然门面不大，陈列的书籍却名目繁多，大都是新出版的文学、艺术、哲学、历史方面的书刊，其中有不少进步书刊，如马克思、恩格斯的《共产党宣言》《政治经济学批判大纲》，列宁的《二月革命》《远方来信》，以及《共产主义ABC》和《先驱》《向导》等，这部分书刊都存放在书社的后厅，不公开出售。这个后厅，实际是一个学习室，它吸引了许多进步青年，大家有时还在此展开讨论，十分热闹。方志敏则是整天忙得不可开交。书社成为联络革命青年、开展革命活动的据点。

书社开张后不久，赵醒侬奉团中央的指示，从上海回江西开展革命活动；同时，江西"改造社"的原主持人袁玉冰，也受党的委派，从北京赶回南昌。赵、袁、方三人，就在这个基础上办起了四开版的《青年声》杂志，并继续编辑发行《新江西》季刊。他们经常邀请那些倾向革命的青年和学生，到文化书社来开座谈会，从中物色积极分子，发展团员。这时袁玉冰、赵醒侬、方志敏、黄道等改造社社员，已经成为马克思主义的信仰者。

在发展一批青年团员之后，1923年1月20日晚上，方志敏与赵醒侬等在书社楼上建立起了江西第一个中国社会主义青年团支部（在这之前，安源路矿区有一个团支部，但属湘区党委领导）。方志敏身为第一发起人，成为江西地方团组织主要创始人之一；南昌文化书社，成了江西团组织活动的主要阵地。

3月上旬，团员人数已经由原来的7人增加到21人。下旬，方志敏等在南昌心远大学召开成立"马克思学说研究会"，成员大部分都是各校进步学生，作为团组织的后备军；同时，又组织了"民权运动大同盟"，成员以青年团员为核心，吸收工、商、学各界进步人士参加，开展反对江西督军蔡成勋、省长李廷玉，争取民主权利的斗争。

地方军阀蔡成勋下令取消"马克思学说研究会"和"民权运动大同盟"，封闭南昌文化书社。文化书社遭查封时，赵醒侬因事外出，方志敏因吐血在医院，两人都幸免于难。

方志敏住院是因为数日劳累，肺病复发，3个月吐血3次。赵醒侬、袁玉冰等都劝他去住院养病，可他总是说："工作这样忙，我不能住院；不要紧，过几天会好的。"但是，病不饶人，他起不来床了，这才不得不住进一家美国医院。

此前，袁玉冰因为送交团中央的报告等文件，启程赴北京时，在车站遭军警逮捕并被关押至军法处。

因遭到军阀当局通缉，经赵醒侬同意，方志敏星夜离开南昌，转九江往南京去了；同时，赵醒侬也由南昌去上海，向党中央汇报，设法营救袁玉冰。

方志敏来到南京，住在成贤街旁边的文昌宫，靠近东南大学。这时，徐先兆已考入东南大学；好友张禅林，也在南京。他们经常在一起，谈论时事，抨击时弊，为当时的黑暗局势而忧心。

七、加入中国共产党

1923年6月12日至20日，中国共产党第三次全国代表大会在广州召开。党的三大根据马克思列宁主义的策略原则和共产国际的指示，结合中国革命的具体情况，充分发扬民主，在分析中国社会矛盾和明确中国革命性质的基础上，正确解决了建党初期，党内在国共合作问题上存在的重大分歧，统一了全党的认识，正式确定了共产党员以个人身份加入国民党，采取党内合作的方式，同国民党建立革命统一战线的策略方针，使党能够团结一切可能联合的力量，共同完成反帝反封建的民主革命任务。

8月20日至25日，中国社会主义青年团第二次全国代表大会在南京召开，赵醒侬代表江西团组织出席；会后，赵醒侬向方志敏通报了团代会的情况。

1924年初，方志敏和赵醒侬一起抵达上海。这时全国形势有了很大的变化。孙中山在中国共产党的建议下，于1月下旬在广州召开了有共产党人参加的国民党第一次全国代表大会，确定了联俄、联共、扶助农工的三大政策，实现了国共合作。赵醒侬作为江西代表，出席了国民党的一大；会后，他偕同邓鹤鸣回到南昌，筹建国民党江西省党部。任务很重，赵醒侬向党建议增派方志敏协助工作。于是方志敏于2月底回到南昌，3月，正式加入中国共产党，同时被吸收入党的有冯任、邹努、肖国华等。在赵醒侬主持下，中央直属江西特别支部正式成立，赵醒侬任特支干事会书记。

加入中国共产党在方志敏看来是"生命史上一件最可纪念的事"，他牢记下誓言：

"共产党员——这是一个极尊贵的名词，我加入了共产党，做了共产党员，我是如何的引以为荣啊！从此，我的一切，直至我的生命都交给党去了。"

在南昌，方志敏协助赵醒侬工作。经过他们一段时间的紧张工作，南昌团地委于1924年10月21日成立，赵醒侬当选为委员长，方志敏为委员。坐牢8个月的袁玉冰经过他们多方奔走，也在1923年底被营救出狱。

方志敏入党后积极协助赵醒侬、邓鹤鸣把国民党江西省党部组建起来。根据党的规定，赵醒侬、邓鹤鸣、方志敏以及从北京党组织派回江西工作的曾天宇，都以个人名义加入国民党，帮助重建国民党江西省党部。为了培训干部、积极分子和开展工作的需要，中共中央直属江西特别支部决定：筹办明星书店和黎明中学，由方志敏、曾天宇具体办理。因有办"文化书社"的经验，明星书店6月就开始营业；经过几个月的努力筹办，黎明中学也于秋季开始招生了。因为曾天宇的哥哥曾强吾是江西省参议员，为了便于工作，方志敏提议，由曾天宇担任书店经理，并担任学校的教务处主任。同时，通过曾天宇哥哥的关系，请出省参议会议长龙钦海出任名誉校长，为这两个新建的党、团组织活动中心涂上了一层保护色。

黎明中学创办后，成为江西党团组织的又一个活动据点，党的许多会议、党团负责人的联络以及国民党省党部的许多重大活动都在这里进行，他们还在学校附近租了一栋民房作为国民党省党部的秘密机关。方志敏推荐堂弟方志纯担任机关的机要交通员、公务员和炊事员。方志纯经赵醒侬介绍，加入了中国共产党。

南昌党团组织开办明星书店和黎明中学，实行党的统一战线政策，成效明显。时间一长，明星书店和黎明中学的活动，引起了军阀便衣警察的注意。

一个月白风清的秋夜，便衣警察发现书店来人很多，就来搜查。

"快开门！"

"买书明天来吧。"

"刚才你们还放人进去，为什么我们不能进？"

"那就请进吧！"

店门打开了。便衣警察一拥而进，直奔楼梯，可楼上却悠然传来了一阵京剧唱腔。

便衣警察们不禁呆了，马上又飞蹿上楼。一看，锣鼓齐备，二胡京胡俱全，一人在清唱着做动作，一人在旁指点做示范。

"你们是在干什么？"便衣警察们瞪着眼往四周溜了一圈，只见一个西装革履的年轻人迎上来说：

"敝校黎明中学在建校中，承蒙省参议会议员诸公慷慨解囊，捐助经费，全校师生深为感激，特准备一场游艺晚会，招待龙议长和各位议员先生。今晚正开始排练，诸位是……"

"我们是城防司令部的，你是这里什么人？"

又见一个身穿长衫、方脸浓眉的青年迎上一步说：

"这是本店经理，黎明中学教务处主任，省参议员曾强吾的胞弟曾天宇先生。"

一听这来头，几个便衣警察忙说："哦，误会！哦，误会！"尴尬地点头哈腰，退下楼去。

一阵紧锣密鼓，送走了"瘟神"。

方志敏将手一挥，锣鼓声停止了："同志们，现在继续开会。"

这个会议研究筹建党的外围组织江西青年学会，与会的，除方志敏、曾天宇之外，还有邹努和省市学联的几位同志，会议还研究了出版《红灯》和《江西青年》的事。11月，江西青年学会正式成立，《红灯》和《江西青年》也随即出版了。

在中共江西特支的领导下，国共两党合作的一段时间，江西革命势力迅猛发展，学生运动、工人运动、妇女运动、商界和社会各阶层的活动，都开展起来，这时，方志敏就想下乡去组织农民运动。早先他在当"文化书社"经理时，曾抽空到赣南农村做了20多天的乡村调查，感到农民确实怨苦已极，有改变世道的强烈愿望，如若发动起来，是个巨大的革命力量。他与赵醒侬相约同去市郊扬子洲试办农民协会，开辟新的战场。

八、弋阳农民运动蓬勃开展起来

1924年11月初，方志敏随同赵醒侬来到南昌市郊扬子洲，发动农民，组织农民协会。

扬子洲在南昌市西北角，中隔赣江，距城10多里。洲上当时居住着300多户人家，多系租佃农户；可耕的土地上万亩，百分之九十被地主占有，剥削重利，压得农民喘不过气来。农户人家都是"镰刀挂上壁，家里没饭吃"。

赵醒侬、方志敏来到这里，宣传"耕者有其田"的主张；他们分别串联，发动贫苦农民组织起来，建立农会，以保障自己的权利，得到全洲农民的热烈响应。

一天，方志敏来到一个极穷困的农家，这家主人叫张万发。张万发为人正直，外号"张一担"。"张一担"是个形象的说法，张家4口人，吃的用的所有家当，收拾起来，一担子就可以挑走，十分贫困。

方志敏来到他家，好客的张万发非常高兴，两人很自然地聊起家常。

一提起过日子的事，张万发话就多了。

"哎呀！方先生，苦死啦！白天到晚地忙，饭都吃不饱……"

"是呀，大家都很苦，福都让地主老财们享了。"方志敏收敛了笑容，同情地说，"为什么愈是种田愈是没饭吃？"

"是呀！到底为什么呢？"方志敏的话立刻引起了张万发的共鸣。他过去也曾想过这个问题，可是，除了怪自己的命不好，再也找不到别的原因。"穷人没有钱呀！"他猜测地说。

方志敏对他摇了摇头，接着问张万发种了多少田地，是自己的，还是租地主的。

张万发叹了一口气说："10石谷田，都是租的。"

"每年多少租？"

"连种谷要缴6石多谷。"

"每年收多少谷呀？"

"8石多。"

这时，方志敏站起来，在屋里来回地踱了两趟，说：

"是呀，辛辛苦苦干一年，收了8石谷，倒被地主拿去6石多，你家怎么能不挨饿呢？要是不交租，8石多谷都归你自己，生活不就富裕了吗？"

"不缴租？"这句话真是太顺耳了。可是，张万发想来想去，总觉得这是办不到的。"不缴租，地主怎么会给田种？"张万发疑惑地望着方志敏。

方志敏笑了："照你这样一说，种田人就只好给地主缴租，自己永远挨饿啦？"

"那，你说有什么办法？"

方志敏这次没有回答他的问题，只是请他先想想，下次来时再谈。

张万发反复想了一夜。"种田人真能不缴租吗？"但是，他找不到答案。

两天以后，方志敏又来了。他见到张万发，直接问道：

"想过了没有？"

"想过了。"

"想出办法来没有？"

"没有。"

"怎么想不出呢？你说穷人多还是地主老财多呢？"

"穷人多，那还用说？"

"你想，要是穷人都团结起来，大家都反对地主老财，不给他们缴租，他们能有什么办法呢？"

这几句简单而有力的话，使张万发的心豁然亮堂。"对呀！穷人那么多，一个人吐口唾沫也能把地主老财淹死！自己怎么就没有想到这上面来呢？"

可是，一个新问题又把他难住了：穷人多是多，怎么能齐心呢？

"穷人要团结起来，就要组织农民协会。"方志敏看破他的心思，平和地说。

简短的一句话，在张万发听来如雷贯耳。"农民协会"这个词，张万发还是第一次听到，他迫不及待地问："什么叫'农民协会'？"

方志敏把他所知道的农民协会的性质和任务，向张万发作了解释，并问他敢不敢参加农民协会。张万发斩钉截铁地回答："敢！"

"光自己敢还不够，还要全家人敢，全洲的人都敢才行。"

"这个自然，我来做动员就是了。"

张万发马上成了义务宣传员。一传十，十传百，办农民协会的事就在全扬子洲的贫苦农民中间传开了。不到10天，扬子洲农民协会就建立起来，成为全省第一个农民协会。会员有200多人，张万发当选为农协主席，他嫌自己"万发"这个名字太旧，就改名张勇，他带领全洲贫苦农民掀起抗租、抗债、抗税的"三抗"热潮。

方志敏从这里取得了办农协的第一手实践经验，并创建了江西省第一个农民协会——扬子洲农民协会。方志敏还培养发展了农民协会的负责人加入中国共产党。

1925年7月，国共合作的国民党江西省党部正式成立，赵醒侬、方志敏等7人当选为执行委员，赵醒侬任组织部长，方志敏任农民部长。

方志敏担任农民部长之后，除了部署全省农运工作之外，这年冬季又深入到弋阳家乡，发动农民组织农民协会。

他回到湖塘村，首先从办学入手，创办了"贫民夜校"和"旭光义务小学"，白天教伢子，晚上教大人，向农民宣传革命道理，讲解共产党的政策，培养农运骨干，秘密建立起弋阳九区农协机构，这是赣东北第一个农民协会。他组织"弋阳青年社"的成员创办了《寸铁》旬刊，宣传革命思想；同时从农运骨干中发展了一批共产党员，如方远辉、方远杰、黄镇中、祝炎等，建立了赣东北农村第一个党小组——漆工党小组。党小组组织并带领弋阳九区农协会员，在齐川源村开展了"打土豪、减租减息"的斗争，弋阳的农民运动蓬勃开展起来。此后方志敏领导全省农民运动，许多行动都以家乡做试点，弋阳的农民运动也因此走在全省的前列。

九、江西农民运动兴起

1926年1月，毛泽东撰写的《中国农民中各阶级的分析及其对于革命的态度》在《中国农民》第一卷第一期发表。文章初步运用马克思主义的阶级分析法，将农村居民分为大地主、小地主、自耕农、半自耕农、半益农、贫农、雇农及乡村手工业者、游民八个阶级，并就各个阶级对革命的态度进行了比较深入的科学分析，初步形成关于农村阶级分析的理论，这就为中国共产党正确认识农民在民主革命中的地位和作用，正确制定对农民的政策，奠定了重要思想认识基础。

1926年4月底，方志敏作为江西农运代表，出席在广州召开的广东省第二次农民代表大会，走下广州码头就听到的北伐军的震耳歌声：

> 打倒列强，打倒列强，
> 除军阀！除军阀！
> 努力国民革命，努力国民革命，
> 齐奋斗！齐奋斗！
> 工农学兵，工农学兵，
> 大联合！大联合！
> 打倒帝国主义，打倒帝国主义，
> 齐奋斗！齐奋斗！
> 打倒列强，打倒列强，

除军阀！除军阀！

国民革命成功，国民革命成功，

齐欢唱！齐欢唱！

这歌声使方志敏顿时感到心潮彭湃，豪情满怀。

1926年五一国际劳动节那天，广东省第二次农民代表大会正式开幕，大会开了15天，内容丰富。特别是中共广东省委农委书记、大会主席彭湃作的关于海陆丰农民运动的斗争情况的报告，热情洋溢，具体生动，给到会代表以极为深刻的印象，方志敏衷心钦佩。

广东省第二次农民代表大会专门作出《农民运动在国民革命中之地位决议案》，指出："半殖民地的中国国民革命便是一个农民革命"，"农民问题是国民革命中的一个中心问题，国民革命能否进展和成功，必以农民运动能否进展和成功为转移"。把农民问题作为国民革命的中心问题，说明党对农民在中国革命中的重要地位已经有了比较深刻的认识。

大会期间，方志敏还参加了公祭黄花岗、沙基惨案的死难烈士，悼念廖仲恺先生，以及向广东的国民政府请愿，要求早日出师北伐等一系列活动。方志敏在广州历时约一个月，感到很振奋，决心"回到江西，大大地做一番运动"。

过分的兴奋和劳累，影响了方志敏的健康。5月下旬，方志敏在返回江西途经上海的时候，肺病复发，高烧不退，几濒于死。幸亏得到中国济难会的帮助，在上海医院治疗两个月，才能缓缓地移动脚步；后来又转到庐山普仁医院继续治疗，病势才日趋稳定。

1926年8月10日，赵醒侬在南昌被军阀稽查处逮捕，并被送交军法处羁押。随后，国民党江西省党部和明星书店、黎明中学相继被查封。在军法处，江西警备司令刘焕臣亲自审讯赵醒侬，威逼利诱，严刑拷打。赵醒侬坚贞不屈，未泄露党团组织任何机密。

中共江西地委积极营救赵醒侬，并向中共中央报告事件发生经过。中共中央复信江西地委，指示要设法营救赵醒侬等被捕同志。江西党团积极组织营救，但始终未果；住院的方志敏，更是十分焦急。

9月16日，赵醒侬在南昌惨遭军阀杀害，年仅27岁。方志敏闻此噩耗，不禁失声痛哭。他站在牯岭之巅，遥望南昌，祭奠这位为革命事业而牺牲的江西党组织创建人、患难与共的知已和战友。

赵醒侬殉难后，江西党的领导力量更加削弱。袁玉冰经营救出狱后，被派赴苏联学习，回国后在上海、江苏工作；曾天宇又调到国民革命军里工作去了，因此方志敏越发感到自己肩负的责任重大。当他先后从报刊上看到广东国民政府的《北伐宣言》和《中国共产党对于时局的宣言》，获悉声势浩大的北伐战争已经开始，他再也按捺不住投入战斗的心情。

10月10日，国民革命军攻克武昌城，北洋军阀吴佩孚的主力部队被歼灭。这时，中共中央从北京、上海派来一批干部支援江西工作。方志敏遵照党中央的指示，急忙回到南昌，投身于大革命风暴。

11月，国民党江西省党部已由秘密转为公开，方志敏继续担任执委会委员兼农民部长；12月，江西省农协筹备处成立，他担任秘书长，主持全省农运工作。

11月上旬，中共中央决定由毛泽东、彭湃等7人组成中央农民运动委员会，毛泽东任中央农委书记，另在汉口设办事处。随后，彭湃任中共广东省农委书记、方志敏任中共江西省农委书记。在毛泽东主持下，中央农委拟定《目前农运计划》，决定以湖南、湖北、江西、河南为重点开展农民运动，拟在武昌开办湘、鄂、赣三省农民运动讲习所。

11月15日，中共中央局讨论通过这一计划。

方志敏以农民部长和农协秘书长身份，委派了一批农运特派员，分赴各交通沿线指导农运工作，支援北伐军东进；同时在省农协下面，成立了赣东、赣西、赣南三个农运办事处，指导全省各地区开展农民运动。他自己率领一批干部下到南昌、新建近郊，在"团结起来，组织农民协会""减租减息""平均地权"等口号下，把几千农民组织起来，为北伐军东进侦探敌情，带路传信，运输给养，送饭送茶，做鞋洗衣，慰劳伤员，受到革命军官兵的称赞。

　　江西农民运动的兴起，积极支援了北伐军进军江西和东征；北伐战争在江西战场的胜利，又促进了江西农民运动的大发展。1926年11月，全省农协会员发展到5万人。到1927年2月，在几个月内，全省农协组织扩展到54个县，参加农民协会的人数发展到30多万人。这就为召开江西省第一次农民代表大会，正式成立江西省农民协会奠定了基础。在湖南、湖北、江西农民运动大发展的推动下，其他各省的农民运动也逐渐兴起。

十、江西农村真个是翻天覆地

　　1927年2月20日，江西省第一次农民代表大会在南昌召开了，方志敏任大会执行主席。

　　这次会议的目的是，检阅农民的力量，巩固和扩大农民组织，总结交流经验，制定今后的工作方针和步骤，正式成立江西省农民协会。出席这次会议的有141名代表，代表着全省54个县的30多万农协会员。会上，方志敏致开幕词并作了《会务总报告》，北伐军总政治部副主任郭沫若作了政治报告。大会历时9天，开得热烈、紧张，完成了它的历史使命。

　　会议围绕着省农协委员和执委的选举问题，同国民党右派展开了一场激烈的斗争，斗争的实质，是捍卫农运领导权问题。

　　这场斗争的发生并不是偶然的。

　　农民运动的蓬勃发展，猛烈地冲击着大地主、大资产阶级的利益，引起了反动派极大的惊恐和仇视。以蒋介石为代表的国民党右派开始阴谋背叛革命。在江西，蒋介石凭借北伐军总司令的职权，盗用国民党中央的名义，先后任命反共分子段锡朋、西山会议派李烈钧，分别担任国民党江西省党务整理指导委员和江西省政府主席，控制江西党政大权；在国民党内部，开始了革命与反革命势力的激烈斗争。

　　1927年1月1日，国民党江西省第三届第一次代表大会在南昌召开，方志敏被推选为大会主席。在改选执、监委的过程中，方志敏等共产党人和国民党左派继续当选。而蒋介石却亲自出马采用"圈定"的办法，支持段锡朋等组成省党部，以"圈定"的方式，把在会上两度当选的方志敏等共产党人和国民党左派排斥在外。

段锡朋等在完成对省党部领导权的控制之后，紧接着就插手农民部，以王礼锡取代方志敏担任省党部农民部长。会后，在南昌的多个革命团体和各界进步人士，立即发电报给武汉的国民党中央党部，谴责蒋介石的倒行逆施，宣布由其"圈定"的右派省党部为非法。

1月下旬，段锡朋便开始将手伸向各市、县党部和民众团体。方志敏领导的省农协筹备处就是他进攻的一个主要目标。当时省农协筹备处正积极准备召开全省第一次农民代表大会。段锡朋等一面克扣省农协经费，一面又以省党部的名义，对农协百般刁难。

这时，方志敏已是中共赣区区委委员兼农委书记，他多次向区委提出：段锡朋等破坏农运，应采取对策，予以反击。可是当时区委负责人说中央精神是要以让步求团结，不要提过高的口号，以免妨害联合战线的巩固。右倾机会主义的妥协，助长了国民党的破坏活动。就在全省农民代表大会召开之际，段锡朋等进一步进逼。他们故伎重演，妄图以"圈定"的办法，夺取省农协的领导权。

大会开始的第一天，方志敏接到段锡朋以省党部的名义发出的一封函电，大意是：关于省农协执委人选，将由省党部遴选干练人才圈定产生，此次大会毋需进行选举。

"什么'圈定'，完全是'官定'！"方志敏气愤地将来文扔在一边。

他深知，对段锡朋等采取不妥协的态度，是得不到区委主要领导人支持的。于是，他找到省农协筹备处负责人之一淦克鹤等商议，决定致电中共中央农委毛泽东同志，请求指示。

毛泽东很快复电说："须坚决反对，宁可使农协大会开不成功，也不可屈服于'圈定'的办法。"

中央农委的复电，坚定了与会代表的斗争信心。

　　经过这样一番较量，段锡朋等的鬼蜮伎俩再也无法施展。大会选举结果：方志敏、淦克鹤、刘一峰、丘倜等13名共产党人和国民党左派被选为执行委员，江西省农民协会正式成立，方志敏以省农协执委兼秘书长的身份，主持全面工作。这次选举，挫败了国民党右派企图贿选和"圈定"的阴谋，捍卫了中共对江西农民运动的领导权。

　　大会闭幕后，全省农民运动风起云涌，把几千年封建地主阶级特权，打得个落花流水。

　　1927年春天，江西农村真个是翻天覆地，农会在农村"说得出，做得到"，"地主的体面威风，扫地以尽"。

　　国民党右派大叫农民运动"过火了"，接着，他们亮出屠刀，向革命派杀了过来。于是，一场反击国民党右派的斗争已经是不可避免的了。

十一、一定要建立农民自己的武装

　　1927年3月6日，在蒋介石的指使下，国民党右派制造了一系列暴行，向革命群众猖狂反扑。新编第一师师长倪弼残杀了江西省总工会副委员长、赣州总工会委员长、共产党员陈赞贤。

　　3月14日，段锡朋等在省党部作出决议，将左派掌权的南昌市党部解散，并下令通缉各执行委员；同时，封闭学生会，搜捕工人纠察队，查封了进步报纸《贯彻日报》。

　　3月15日，蒋介石公然在南昌市20万人的集会上，发表为右派省党部撑腰打气的言论，"谁反对江西省党部，就打死谁！"

　　3月17日，蒋介石由南昌抵达九江的第二天，发生了"九江惨案"。蒋介石指使九江反动分子和土豪劣绅杀害市党部工作人员3人、市总工会1人，工人纠察队队长曹炳元亦惨遭杀害，工人被打死10余人，抛到河里淹死10余人，市民被打伤60余人。

　　这些惨案是蒋介石在上海发动四一二反革命政变的前奏。

　　面对这一桩桩、一件件的反革命暴行，方志敏心情十分沉重。

　　这时，中央农委通知他去武汉出席农委扩大会议，讨论成立全国农协。他和江西国民党省党部的左派执委、监委和其他各革命团体负责人相约，决定同赴武汉向国民党中央和国民政府请愿，要求制止反革命活动，严惩右派。

　　中央农委扩大会议于1927年3月27日开幕，由毛泽东、邓演达主持。3月上旬，中共中央机关刊物《向导》和武汉《民国日报》先后摘要发表了毛泽东的《湖南农民运动考察报告》。方志敏在大会发言中，表示完全赞同毛泽东同志关于推翻地主武装、建立农民武装的主张，并联系江西的反革命大屠杀，大声疾呼："一切革命的人们必须以铁拳加诸右派狼子身上，任何对右派的姑息，都是对革命的自戕。"这个发言，得到与会代表的赞许，毛泽东还特地邀请他到中央农民运动讲习所向全体学员作讲演，以反击右派，端正社会视听。

　　这次中央农委扩大会议，议决建立农民武装、土地重新分配等30多个提案，推选毛泽东、彭湃、邓演达、方志敏等13人为中华全国农协临时执委。

　　方志敏和由江西来武汉的各方面代表，以及中央农民运动讲习所的赣籍学员，联合向国民党中央、国民政府请愿，要求立即解散非法产生的江西省党部，改组省政府，制止反革命活动。请愿得到各方面的支持，全国总工会、全国学生总会以及国民党两湖省党部，都通电声讨江西反革命事件。

　　但是，没过多久，蒋介石在上海发动了四一二反革命政变，并于18日建立南京政府。李烈钧逃到上饶后，拼凑了一个赣东政府，与蒋介石遥相呼应。原来听命于武汉政府的江西省主席朱培德在南昌接到蒋介石的密电，也一天天地右倾。方志敏深刻认识到，必须加紧发展革命力量，尽快把自己武装起来，否则，反革命卷土重来，革命人民仍将是眼睁睁地让人家杀头。方志敏立即在省农协下面新设一个农民自卫军军部，派出大批人员分赴各县，帮助各地迅速组织农民自卫军，并在省农协直接领导下，筹建直属自卫军大队。

　　省农协直属自卫军大队，在当时南昌市公安局长朱德支持下，得到100多支枪，已武装起一个中队自卫军；全省各县的农民自卫军也纷纷以各种方式将自己武装起来。

首先是在赣东北的横峰县，当时担任省特派员的邵式平和共产党员吴先民、邹秀峰一起，在县城召开了群众大会，宣布撤换县长和公安局长，委任邹秀峰为县长，吴先民为公安局长，缴了原县政府和公安局的枪支，成立了拥有30多支快枪的农民自卫军。

就在这时，永修传来噩耗——4月15日，中共永修县委书记和国民党永修县党部负责人张朝燮，被豪绅地主收买的土匪杀害了。

张朝燮自武昌高等师范毕业后，回到江西就同方志敏一道工作，并在国民党江西省第一届代表大会上一同被选为执委，以后被派到永修工作，把永修县的农民运动搞得轰轰烈烈。方志敏获悉张朝燮被杀害的消息，万分悲痛，当即函请省政府严惩凶犯。但事过几天，省政府置若罔闻。看来这个日益右倾的朱培德是不会过问这件事的。于是方志敏就想动用农民自卫武装。他把自卫军部部长兼直属自卫军大队长淦克鹤找来商量。

淦克鹤性情豪爽，办事积极，原是星子县农协负责人，是个苦大仇深的农民，革命意志坚决，和方志敏心心相印。

淦克鹤来后，方志敏严肃地对他说：

"你猜，我找你干什么？"

淦克鹤原已得知永修的杀人事件，他一听方志敏的问话，就猜透了他的意思，于是毫不迟疑地回答：

"我想你是要把自卫军大队开到永修去！"

"不错，你看使得不？"

"我看……"

话未说完，永修又派人来报告，当地土豪又教唆那伙土匪进城杀害革命同志了，右派当权的县政府却坐视不救。于是，方志敏断然决定：淦克鹤等立即率领自卫军大队出征永修。

队伍才开到涂家埠，永修那伙土匪就逃得无影无踪了。主犯彭子才、吴延贵，连夜逃到上饶，投靠李烈钧去了。自卫军到后，就找那些豪绅地主算账;有的被捉起游街示众,有的家里的粮食财物被没收散发给穷苦群众。群众喜笑颜开地说,有了自卫军,穷人有好事啦!

朱培德这时才给省农协送来回复公文:"函悉。关于惩办永修惨案凶犯一事,已转该县查办。"方志敏看着这回文,不禁想起当年警察厅那"候查明可也"的批示,他哼了一声,骂道:"果然又是官样文章。"

省农协农民自卫军出征永修凯旋,给各地很大鼓舞。由方志敏运去的70条枪组成的弋阳农民自卫军,汇集1万多农民在县城举行了声讨四一二反革命政变的示威游行,赶走了李烈钧的反动军队,杀死李烈钧委派的县长。横峰县姚家垄、楼底蓝家农民自卫军三打横峰县城,破狱救出许多革命同志和群众。此外,临川、崇仁、万安以及赣江流域、铁路沿线各县,在省农协和朱德领导的军官教育团的支持下,都组织了农民自卫军,一时间,军威大振。

十二、和志同道合的缪敏结婚

蒋介石在上海发动四一二反革命政变之后,江西省主席朱培德终于暴露了他的反革命真面目,公然叫嚣:"工农运动过火了,要开一开倒车。"于是,被抓获的国民党右派分子被释放了,各地一度销声匿迹的土豪劣绅、贪官污吏又探头探脑地活动起来。各地残杀革命志士的事件屡有发生,继永修张朝燮遇难之后,万年县农协负责人胡完生被反动分子捉去活活烧死;贵溪县共产党员江宗海被李烈钧的卫队枪杀;在赣南,反动分子更是明目张胆地成立"清党委员会",实行白色恐怖。朱培德强令140多名共产党员退出军队,同时决定在江西停止农工运动,并以"礼送"为名,要将方志敏等一批有影响的共产党人迫离江西。

针对朱培德的背叛言行,方志敏提出强烈抗议:"民众要求惩治反动派,你们为什么高喊'过火';反动派屠杀革命志士,你们为什么装聋作哑，缄口不言，这是什么道理？"同时，他向区委建议："朱培德是个狡猾的骑墙派，靠不住，要想办法对付。"可是，区委负责人却说："中央的意思，对朱培德要尽力拉拢他，影响他，江西离不开他；离开他，反动势力更比现在嚣张。"

可是，朱培德却并不领情，反而变本加厉，南昌街头巷尾到处出现"欢送共产党员出境""制止过火的工农运动""共产党员如果不出境，就要不客气地对付"这一类反动标语，标语署名，都是朱培德军队里的"机关枪连""迫击炮连"。杀机已露，方志敏立即向中共江西区委反映，并建议急电中央，设法挽救危机。

意料中的严重事件终于发生了。6月5日上午，方志敏正在省农协阅读各县农民斗争情况的报告，一位同志气喘吁吁地跑来通知方志敏："你赶快走吧，朱培德今日要送你们去武汉。"听了这消息，方志敏气愤已极，连忙把重要文件收拾好，带在身上，就离开了省农协，转移到黄家巷31号区委的秘密交通机关。方志敏刚离开不久，朱培德派去的一营兵就把省农协团团围住，在方志敏卧房里翻箱倒柜地搜查，又将省农民自卫军一连人缴械。

朱培德扯去了假面具，他的反共动机完全暴露了出来。朱培德将邹努、肖国华、刘一峰等20多名共产党员和国民党左派人士"请"来，为他们"摆酒饯行"，随即"礼送"出境。省农协和省总工会等革命团体也被地方当局派军警捣毁。当时，武汉的汪精卫还没有公开反共，朱培德也还不便正式亮出屠刀，只是说："南昌地处宁汉对立的前哨，情况复杂。为避免流血事件而影响社会治安，你们到武汉去闹革命吧，我以'礼'相送！"说罢，就分别赠送旅费和安家费，在军乐声中，把他们押上火车，"欢送出境"了。

与此同时，躲在区委秘密交通机关里的方志敏，思绪万千。形势日趋严峻，去留问题，得马上决断。看来，留在南昌，环境是不允许了，即使能留下，也不过是跟文件、报告打圈子，他早就厌烦这些了。他想，还是下去做点儿实实在在的群众工作为好。

下到哪里去？

回赣东北去，人地熟，工作有基础。但是，李烈钧仍在上饶兴风作浪，这时回去，看来不利于工作开展。

到赣西南去！那里是敌人统治比较薄弱的地区，又早已建立党组织，农运工作开展得也不错，到那里去将可以有一番作为。考虑已定，随之，他就将这个想法报告了区委。

正当他在房里踱来踱去思考着今后的工作时，一位区委机关人员推门进来说："老方，你的一位老朋友来了。"

方志敏来不及答话，便见瘦长的身影闪进屋内，他立即伸过手去，高兴地说："彭湃同志，你来了，欢迎！欢迎！"

"用不着欢迎。朱培德不是要'礼送'你到武汉去吗？我特地接你来了。"彭湃操着一口广东客家话，幽默地打趣说。

"什么'礼送'，实际上是'押送'。朱培德这个骑墙派终于不骑墙了，他终于原形毕露了。"方志敏收起笑容，愤慨地答道。

彭湃平静地思考着："是啊，这一段时间的工作，很值得认真总结，教训实在太多、太深刻了。"

"我以为，关键在于我们党没有争取掌握武装。"方志敏着重地说，"我组织了那么点儿农军，还再三催我把枪交掉。如果我们手里掌握大批武装，他朱培德敢'礼送'我们出境，我们倒要他滚蛋！"

"正确，完全正确！我以为，党中央应该立即纠正目前这条错误路线，再不能妥协退让了。"彭湃稍停片刻，又问道，"你现在有什么打算？"

"我现在正为这个事发愁呢，你来得正好，帮我参谋参谋。我想到农村去做些实际工作，摸一摸农运工作到底怎样做才好。在这方面，我还得好好向你学习呢。"

"我有什么可学的。"彭湃笑着说，"不过，我倒赞成你下去，多做实际工作。那么，你打算到什么地方去？同区委谈过没有？"

"刚反映上去。"

话未说完，中共江西区委秘书长冯任推门进来了，他对方志敏说："区委叫我来通知你，区委同意你下去，到赣西南去，地点是以吉安为中心，包括安福、莲花、吉水、永新、永丰、万安、遂川等县。时间看具体情况行事。为安全起见，你现在可以定一个化名，以便今后和区委联系。"

"我考虑过，就叫李祥松吧。"方志敏说。

冯任继续说："志敏同志，为了工作方便，可以用全国农协特派员身份，说是从武汉来江西，视察当地的农运情况。"接着他转身对彭湃说，"彭湃同志，你是全国农协秘书长，这样办，可以吗？"

"可以，我同意。"彭湃点头说。

"至于农运纲领，还是服从总的口号：反对贪官污吏，打倒土豪劣绅。"

正说着，刚上任的中共江西区委书记罗亦农和区委工作干部罗秉刚来了。

过了一会儿，缪敏也来了。

冯任一见缪敏来了，于是向大家宣布一件喜事：为了便于工作，区委批准方志敏和缪敏同志结为夫妇，何时举行婚礼，由他俩自己来定。

缪敏是方志敏的同乡，是南昌市女子职业学校的高才生，已经入团，表现很好，生活上也保持着艰苦朴素的作风，方志敏对她很有好感。

乐天派的彭湃立刻拍手说："我提议，趁大家都在，婚礼就在今天晚上举行。"

"赞成！我愿意以江西区委书记的名义做他们的主婚人。"罗亦农高兴地说。

罗亦农提议买点儿红纸，写几副喜联贴起来。工作人员把红纸买来后，罗秉刚请罗亦农写，罗亦农说："我的字写得不好，还是请早稻田大学的高才生、我们的大才子彭湃同志写吧！"彭湃爽朗地说："书记之命，岂能不从？"说罢欣然命笔，写下这样一副对联：

拥护中央政策方缪双方奋斗到底
努力加紧下层工作准备流血牺牲

在领导和同志们的见证下，方志敏激动地致了誓婚词："我俩是世界上最幸福的人！为了救可爱的中国，为了美好的明天，我俩甘愿赴汤蹈火在所不惜！"

婚后不久，方志敏化装成教书先生，乘小船溯赣江而上秘密地向吉安进发。缪敏满含热泪，挥动着手帕，送别新婚的丈夫。

方志敏站在船头，遥向岸边挥手，久久地凝望着亲人越来越远的身影。

十三、妇女真是顶了"半边天"

方志敏秘密到达吉安，正值农村开始夏收，农民准备交纳地租的时候，于是，他下定决心，在当地党组织领导之下，依靠农民协会发动群众进行减租运动。

晚上，在城隍庙里召开了会议，吉安党组织和书记梁明哲，安排方志敏到永和镇开展工作。

永和镇，距吉安市30多里，镇上当时有十来户人家，有几家小杂货铺子和一个打铁铺子，是农民赶集的场所。方志敏住在永和镇边余家村。这个村有400多亩土地，其中300多亩归5户地主所有，32户农家大都是他们的佃户。

方志敏来到这个村，发现那里地主对农民剥削很严重，有的收租是对成，有的是倒四六，还有的是倒三七的。他找了几户贫苦农民算细账。从算账中发现：农民租种1亩田地，除人工、牛工、肥料和种子各项费用外，再从收获物中分别缴纳对成、六成或七成的地租，农民所得，均不同程度少于他付出的工本；缴纳对成地租的亏8、9角钱，缴纳六成地租的亏本1元2、3角钱，缴纳七成地租的则亏本2元左右。这亏本数怎样填补？要填补亏空，农民只好尽量节衣缩食，拼命苦做。一件棉袄穿十几年，补了又补；热天打赤膊种田，情愿让炎热的太阳，晒脱一身皮，去省下一件单衣；吃的是粗菜糙饭，半饱半饿地度日；秋冬收割才毕，即拼命去挑担推车，卖苦力赚钱……

几天后，在永和镇乡农协主任余金根的主持下，趁永和镇赶集之时，召开了农民群众大会。吉安党组织负责人梁明哲、总工会主席梁一清、农民自卫队队长钟翊卿和商民协会会长晏然也赶来参加。会上，方志敏以全国农协特派员的身份讲了话。他的讲话，没说什么理论，只把在这里调查地主剥削农民的实际情况，用通俗易懂的语言，具体地说给他们听。他在详细说明了情况之后，做了如下的简短的结论：

"同志们，我们贫苦农民，做牛做马替地主耕田，就算不指望赚得什么，至少也不应该让我们亏本。天下应该有这样的道理吗？我们农民越做越穷，越做越苦。从前，总以为是八字坏，命根苦，现在晓得原因在哪里了——我们没有土地呀，我们租种地主佬的土地要亏本呀。这就是我们一天一天穷苦下来的最主要的原因。现在的减租运动，当然远远谈不上'我种出来的东西，应该归我所有'——农民将来一定要做到这种地步，才算得到解放了；现在只是要求替地主耕田不亏本罢了。"

方志敏的讲话，使农民群众认清了地主的残酷剥削，激起他们深刻的仇恨。于是会场的气氛热烈起来，到会的农民都表现出不能再忍受下去的愤激情绪，口号吼得震天响。会散了，人还不散，三个五个地聚在一起议论着"二五减租"。

在这以后的一天夜里，永和镇乡农协的灯一直在闪亮着。过了半夜，农民果然暴动起来了。乡农协主任余金根急忙叫人，敲起鼓，打起锣，四周农民拿着梭镖、大刀、鸟枪，像潮水一般向永和镇涌来，愈来愈多。愤怒的人群，分头涌进永和镇周围附近各村，捉拿土豪劣绅，尤其是把人人痛恨的"剥皮青"捉来了。

"剥皮青"，姓余，是当地的一个大地主，剥削手段非常残酷，搞倒三七收租的就是他。怎么叫"剥皮青"呢？一位农民解释说："好像一根竹子，剥了一层皮，里边还是青的，他还往里剥，直到全剥完,把农民的血汗全剥光了,他才罢手。"农民捉到"剥皮青",给他戴高帽子游乡,出了多年来一直憋在心头的闷气。其他地主都吓得魂不附体,农协主任给他们训话,他们只是点头称"是",不敢说半个"不"字。

永和镇一声春雷,吉安其他各区乡地主豪绅都闻风而逃,这时候不要说减租,根本就没有人敢收租了。

方志敏曾于5月下旬来到莲花。莲花县当时已建立党的组织,农协组织在县、区、乡各级也相继建立。方志敏来后,县党组织负责人朱绳武,县农协负责人陈竞进、谢水龙等向他作了情况汇报。方志敏随后深入到该县的九都、新城、洋桥等乡作实地调查,在调查中,发现两个值得注意的问题:一是农协组织不纯,有的乡农协被地主分子所操纵,不仅不能为农民办事,相反却成为地主分子继续压迫农民的工具;另一是妇女发动得不够,妇女依然被封建的宗法思想和制度束缚着。他向县领导谈了这两个问题,特别是前者,引起县领导的重视,他们立即开会作出决定:整顿三级农协组织;在整顿中注意发动妇女,吸收女会员;在此基础上,开展"二五减租"运动。

整顿农协组织,实际上是一场革命同反革命的斗争。县农协初建时,大地主李成荫派了一批爪牙混进来,反革命分子陈维纲不仅混进了县农协,而且当上了县农民自卫军大队副队长,掌握了武装。经过整顿,清除了一批反革命分子和阶级异己分子。陈维纲带了6支枪星夜逃跑了;李成荫一看形势对他不利,也仓皇逃到湖南去了。全县各级农协组织得到巩固和发展,"二五减租"运动进行得很迅速。

为了解放妇女,发动妇女参加农协,方志敏在九都召开了一个100多名妇女参加的妇女大会。在会上,他见到会的妇女头上都有一个小髻子,小脚妇女也不少,因此,他向妇女们讲述妇女在旧社会受压迫的痛苦,鼓励妇女破除封建迷信思想,起来打碎束缚妇女的精神枷锁,团结起来,争取解放。妇女解放要从哪里做起呢?方志敏提出了具体要求:

"妇女要解放,首先要解放自己的头和脚。你们看,你们当中缠脚的还不少，尤其是每个人头发留了一大堆，像个包袱压在脑后。你们要是把发剪了，脚放了，对生产、做家务，对你们自己该有多大的方便呀？"

"要我们剪发？"有的妇女疑惑地望着方志敏。

"要我们放脚？"缠小脚的妇女低下头来，看着自己的脚，有些踌躇。

这在山沟沟的九都来说，可是从没有听说过的事，她们心里直打鼓。

"哪位是妇女主任哪？"

一位二十来岁的女青年应声站起来答道：

"我是，我叫张兰。"

"你能带个头吗？"

"我是大脚呀！"

"你的头发呢？"

提起头发，张兰的脸刷地红了起来，要把这留了一二十年的头发剪掉，可真有点儿心疼啊！

这时，旁边许多妇女都看着张兰，看她如何行动，有的妇女在一旁鼓励说："你剪，我也剪！"

"好吧，剪就剪！"张兰当场把自己的头发剪了，接着又有10多名妇女剪去头上的髻子。

万事开头难。她们这样一带头，很快在九都掀起妇女剪发、放脚的热潮，"反对旧礼教"的歌谣在九都村村唱开了：

　　　　第一反对呀旧礼教，压迫妇女在锅灶；
　　　　一日做了三餐吃，叫她怎么会开窍！
　　　　第二反对呀旧礼教，压迫妇女把发留；
　　　　脑壳梳得呀千斤重，叫她怎样哟会抬头！
　　　　…………

妇女解放了，真是顶了"半边天"，她们在九都地区的"二五减租"运动中大显身手。

早在6月上旬，省农协派谢平龙来安福通知方志敏，中共江西区委指示，要严防敌人破坏，对一切反动分子实行专政。

方志敏接到通知后，立即会同中共安福县委书记李精一、县委农运部长朱德顶、妇女部长彭学漪，传达了这一指示，分析了局势，研究了敌情，提出当前的工作任务：（1）积极发展会员，巩固各级农协组织；（2）实行减租减息；（3）清算地主剥削账；（4）从政治上打击豪绅地主；（5）焚烧契约，破除迷信；（6）没收祠堂庙宇和逃跑土豪劣绅的田产，归农会所有。

会后，方志敏和县里领导同志分头深入到西乡和寮塘乡等区乡，运用算剥削账的经验，发动群众，掀起了"二五减租"的新高潮。农民们一手拿着各色小旗，一手握着扁担、锄头，举行游行示威。全县参加游行的有7万多人，有的区乡游行队伍绵延十多里。他们不仅要求减租，而且要求土地，要求从根本上摧毁地主阶级的封建剥削制度。在游行中，他们砸了地主的大进小出的量谷桶，毁了内装铅条、弄虚作假的空心秤，捕捉了王亦豪、刘条泉、易克雄、欧阳兆天等土豪劣绅，处决了罪恶昭彰、民愤极大的王亦豪。

在吉安地区两个月的工作中，方志敏感到收获很大，他自己曾这样记述："……我才算真实地实习了群众工作，我学得了怎样去宣传、组织、领导群众斗争的方法。"

1927年7月15日，汪精卫操纵武汉国民党中央通过《统一本党政策决议案》，正式宣布同共产党决裂，叫嚣"宁可错杀三千，不可放过一人"，大肆捕杀共产党人和革命群众，史称七一五反革命政变。宁汉合流，国共合作的第一次大革命失败，全国笼罩着一片白色恐怖。吉安一带也处于血雨腥风之中，豪绅地主反攻过来，将农运中的领导骨干和积极分子屠杀了一大批，像莲花县的朱绳武、陈竞进，安福县的李精一、朱德顶、彭学漪等，都被杀害。国民党驻吉安的反动军队第七师，也发动了对吉安革命力量的突然袭击，他们以召开自治联席会议的名义，将梁明哲、梁一清、晏然、钟翊卿等逮捕杀害，随后又将农民自卫军包围缴械。

方志敏原拟去永新县工作，因为那里的地主豪绅，正在带领反动武装进攻县城，吉安党组织请方志敏去指挥安福农民自卫军打退他们。现在风云突变，吉安党组织已转入秘密状态，方志敏在乡下和组织失去联系，只好在吉安一户农家住下，暂避一时。

8月中旬，当他闻知八一南昌起义胜利的消息，精神极为振奋，决计返回弋阳，发动秋收暴动。

十四、新的革命高潮必然会很快到来

方志敏离开吉安，返回家乡弋阳。由于在江西大革命中的影响极大，国民党军队和地主武装到处悬赏缉拿方志敏。为了躲开敌人缉捕，方志敏不骑马，不坐船，坚持化装走路。他把好一点儿的衣服脱下来，同人家换了几件破烂的衣服穿上，背起包袱，穿上草鞋，一个人独自走回弋阳。回到家乡的方志敏没有马上回到家里，而是寻小路爬上村后的来龙山。

从来龙山朝下看，漆工镇周围的村庄，已是一片瓦砾，断壁残垣，满目凄凉。原来，北伐军到达时逃亡的大地主张念诚，回来后串通地主豪绅，勾结反动军队，一把大火，把漆工镇附近几个村庄都烧光了，湖塘村几乎是一片焦土。

方志敏目睹这一惨状，无限愤慨。这时，他心中又燃起漆工暴动的火炬。

那是1926年冬天，趁北伐军东进途经弋阳的时机，弋阳九区农民协会遵照方志敏的意见，在方远杰、黄镇中、雷夏等率领下举行了漆工镇暴动，攻破了警察所，夺得10条枪。这10条枪有7条是"吓人枪"，能用的只有两条半——有一条没有枪栓，又被锯去半截，只算得半条——但他们就用这两条半枪，把镇上警察所的巡官、当地的土皇帝余麻子赶跑了。这就是著名的漆工暴动，也是后来赣东北群众传诵的"方志敏两条半枪闹革命"的故事由来。

方志敏一想起漆工暴动，就感到热血沸腾。如今又有八一南昌起义的榜样在眼前，"重起炉灶，再来干吧！"这就是他内心的誓言。

夜深了。湖塘村方家那幢大火烧剩下的土屋里，微弱的菜油灯火，被风吹得闪烁欲灭，纺纱人影模糊而摇晃地映在墙上。又过了一会儿，灯火的微光熄灭了，整个湖塘村陷入了死一般的寂静，只听得墙边草际传来唧唧虫鸣，夹杂着树梢头掠过的风啸。

方志敏悄悄地走到自家门旁，轻轻地叩响门环：

"姆妈，开门！"

"谁？"

屋里响起轻微的脚步声，紧接着大门拉开了。星光洒在斑白蓬松的老妇人的头上，还没有认清叩门的是谁，便见他闪入门里，随手将门关上。

"姆妈，我回来了！"

"正鹄，原来是你哟，怎么深更半夜……"母亲话没说完，已经撩起衣角揩起眼泪来了，又忙着点亮油灯。随之父亲也起来了，消瘦的棕黑的脸，这两年变得老多了。老爹爹走到儿子面前，低声而沉重地说：

"回来了，到底回来了，在外面担惊受怕啊！"他看见儿子破衣烂衫蓬首垢面的样子，心里就明白了。

母亲忙着下灶生火了，她忙前忙后地叙说着："好久好久，得不到你一点儿音讯，家里可急死了！"

"4个月前，上饶开来白匪军攻打九区。头一天，方远杰带了5000人，用土枪土炮把白匪军打退了，可是第二天没守住，远杰也死了。白军冲进村来，烧屋抢东西，糟蹋女人……方远辉又带着几十个人上山打游击去了。"

"县里出布告捉你，说是活捉送官，赏大洋1000块；割头去可以得500块。"

　　方志敏听到家乡的惨变，尤其是听到方远杰牺牲，不禁黯然泪下。

　　"你在外边，家里担心；回到家里，也是害怕。唉！你今后如何打算哪？"父亲紧锁眉头发愁地问道。

　　"不走啦！"方志敏低沉而坚决地答道："重新再干，一定要把这个吃人的旧世界，打个稀巴烂！"

　　为了安全，家里人当夜将方志敏藏在来龙山莲家坞的一个山棚里。这山棚，非常隐蔽，走到跟前都发现不了。夜晚，当地贫雇农和革命群众就赶到这里来和方志敏聚会。有的担心他的安全，跑来探望他；有的来向他诉说对反动派的仇恨；还有的来向他传递口信……各地的革命干部也纷纷来到山棚共商大计。

　　方志敏是一个笃诚的马克思主义信仰者，他认为："大革命虽然遭受失败，但我毫无悲观失望的情绪。""这次的失败，只能是暂时的，中国革命的复兴，革命新的高潮，必然要很快到来的……这是绝对的真理，同时，这也是我的基本信仰。好吧！错误是错误过去了，失败是失败过去了，算了吧！重起炉灶，再来干吧！"

　　9月9日，毛泽东领导的湘赣边界秋收起义爆发，给了方志敏极大的鼓舞。

　　黑漆漆的夜里，只有山棚亮着一盏油灯。方志敏、方志纯和方远辉3人在促膝谈心，交流情况，他们决定分头通知，召开一次干部会议，这就是"莲家坞会议"。

　　一天深夜，一些潜伏在周围的同志聚会山棚。他们当中，有从中央农民运动讲习所回来的彭皋，有从黄埔军校回来的邹琦，有在弋横山区打游击的黄镇中、吴先民、雷夏、邹秀峰、黄球，还有方志纯和方远辉。这十来个靠共同理想联结在一起的战友劫后相逢，谈到大革命的失败，一个个怒火焚心，悲愤难抑。

　　方志敏沉重地说："自从国共合作共同北伐以来，共产党人为国民革命，前仆后继，流血牺牲，惊天地，泣鬼神。可是今天，以前乔装打扮的国民党右派，现在一个个都现出狰狞面目，掉转枪来屠杀工农。"说到这里，他环视一下大家阴沉的面色，继续说道，"我们共产党人，被捕、坐牢、砍头、枪杀的，千千万万。可恨的是，有些企图靠大革命升官发财的投机分子，现在原形毕露了。有的声明退党，跪倒在反动派面前讨好卖乖，乞求捞点儿残羹剩饭；有的从此悲观失望，消极地甘当反动政府的顺民；还有的跪到菩萨庙里当和尚。所有这些，也只好由他去了。大浪淘沙嘛，我们不必为之大惊小怪。真正的革命者，绝不会被敌人的血腥屠杀所吓倒。八一的枪声响了，为我们开展武装斗争树立了光辉的旗帜，为我们的工作指明了前进方向。"

说到这里，他又一次用坚定的目光扫视每一位同志，从他们的神色中，他得到的是坚定一致的回答。他的眼睛润湿了。

会后，大家各自分头开展工作。因为弋阳和横峰农运基础好，领导力量强，一下子就把工作局面打开了，仅仅7天，就在弋阳和相邻的横峰两县，重新组织起十几个党支部，农民协会也同时组织起二十几个。

局面一打开，方志敏立即意识到，反革命绝不会袖手旁观。所以，他急忙赶往鄱阳去取枪。

鄱阳有一个警备团拥有100多支枪，团长由共产党员胡烈（李新汉的化名）担任，这个团基本上属于共产党掌握的武装。方志敏从吉安归来途经鄱阳，曾经通过鄱阳党的交通机关——上宫岭杨义兴杂货铺，邀约鄱阳党组织负责人到船上秘密接头，要求他们在必要时，将这个团带到弋阳闹革命，并得到他们的允诺。因此，他这次去鄱阳取枪，想把这个团带过来，驰骋弋横，然后沿信江东西展开，再向南北发展，闹他个地覆天翻。

十五、九区暴动胜利

方志敏动身去鄱阳取枪，满以为很有把握，可哪里知道，就这么几天的工夫，那里的情况已经起了变化，鄱阳警备团已变成豪绅地主的看家狗。原来，7月间鄱阳县换了县长，县长安排自己的侄子接管警备团，团长胡烈被撤职，团里的共产党员全部被开除，所幸有10支枪被胡烈偷偷藏了下来，没有上交。

好端端的一个警备团，就这样被断送掉了，剩下这10支枪，又能有多大的作为呢？方志敏越想越气恼。恰巧这时中共江西省委特派员刘士奇到鄱阳来传达中央八七会议精神，他告诉方志敏中央已批判和纠正了陈独秀的右倾投降主义错误，并决定实行土地革命，举行秋收暴动。方志敏进一步看清了斗争方向，感到无比兴奋。

方志敏与刘士奇商定，弋阳成立党的区委，隶属鄱阳县委，方志敏任书记，由区委直接领导弋阳的秋收暴动。

在鄱阳，方志敏还见到了离别三个月的新婚妻子缪敏。尽管是久别重逢，方志敏却仍要妻子留在鄱阳县委工作，自己带着10支枪，急忙返回弋阳，准备传达会议精神，组织秋收暴动。他思忖着：秋收暴动一成功，就攻取弋阳县城，然后以弋阳为根据地，发展革命力量。

不料正在这时，大地主"北乡王"张念诚，收买了一个营的反动军队，前来镇压。

9月底，弋阳九区农民代表会议在湖塘召开，方志敏在会上传达了党的八七会议精神。正当大家讨论农民暴动问题时，忽然担任放哨的人员回来报告说，张念诚收买的敌军已经从烈桥出发，分两路向湖塘杀来，方志敏只好宣布散会，匆匆将群众疏散上山。

敌人扑了一个空，随即纵火烧屋，湖塘村一片火海，80余户人家被烧掉50多户；这是继6月中旬以后，湖塘村第二次遭焚烧，故有"秋暴未成村先毁"的说法。

方志敏知道一时还没有力量抵挡张念诚的进攻，就带领武装农民转移到了丁山村，筹划下一步的斗争。

丁山村是个四面环山的村庄，有100余户人家，多靠手工制纸为生。方志敏的行踪，又被敌人发现了。仅住了两天，张念诚就带兵追踪来了。他们不得不离开丁山村，转移到德兴县张村乡沙路村，张念诚又将丁山村全部焚毁。

方志敏来到张村乡沙路村，住在他姐姐家里。这时，由于连日奔波，劳累过度，他肺病突发，吐血不止，本想在这里休养一段时间，但又遭到国民党地方武装前来抓捕。于是由方志敏父亲的结拜兄弟张其德护送，转移到乐平县篁坞村张其德的妹夫家。

篁坞村坐落在弋（阳）、德（兴）、乐（平）三县交界的地方，鸡鸣狗叫听三县，人称"三不管"。村里有60多户人家。大革命时期，地主全跑光了，因此，方志敏住在这里养病比较安全。由于张其德和妹夫汪其芬的精心照料，3个星期后，方志敏病情稳定下来，日趋好转。张其德在逃亡地主的藏书楼上找到一部《史记》和一部《三国志》，方志敏一边养病，一边精心阅读这两本书。

方志敏在病中读史，对重要的历史事件和人物经过比较分析和深入思索，从中得到有益的启示；同时他还结合学过的革命理论，思考下一步的工作。

1927年10月下旬，病稍愈，方志敏便以区委名义，集拢九区革命力量，再次准备发起秋收暴动。黄镇中、方远辉、方志纯等都来到这里，交流情况，研究对策。

在交谈中，黄镇中谈了两个新情况：一是张念诚收买的白军已全部退出九区；二是又组织了好几个农民革命团，群众盼望早日举行暴动。方志敏听了非常高兴，他根据大家提出的情况和意见，斩钉截铁地决定：首先在九区暴动，来一个重点突破，并强调指出：要广泛宣传暴动意义，深入发动群众，做好准备工作，切不可轻举妄动。要尽量做好保密工作，出敌不意，攻敌不备。

为了慎重起见，10月底，方志敏亲赴鄱阳请示赣北特委。他化装成商人，乘坐一乘4人抬的轿子，由篁坞村来到了鄱阳。

鄱阳县委机关设在城边的城隍庙2号，离热闹街道较远，偏僻幽静，前后有4间大土屋，除了房东外，就是县委机关的几个工作人员。缪敏前不久也调来这里担任机关文秘工作。

方志敏来这里已是第三次了。赣北特委书记兼鄱阳县委书记林修杰，一见方志敏来了，忙迎上前去，关切地问道：

"病怎么样了？跑这么远的路，吃得消吗？"

"我不挺好的吗？你看……"方志敏指着自己身上的穿着微笑地说，"我像不像个大阔佬？一路上我还雇了小轿子坐哩。"

晚间，赣北特委军事部长周菽菡也来了，三个人围桌而坐，方志敏详细汇报了秋暴受挫、当前情况和今后的打算。听完汇报，林修杰站起来在屋内踱了几个来回，坚决地回答说："好，就来它个中心开花！搞暴动嘛，总得要敢于斗争，不过一定要用八七会议精神，把群众思想武装起来，组织起来，切不可打无准备之仗呀。"

"这个自然，我临来时已强调了这一点，并作了部署。"

"兵贵神速。如果准备好了，就不妨来它个突然袭击！"周菽菡接着说。

在弋阳九区首先举行暴动的事就这样决定下来。同时，林修杰还宣布了特委决定，方志敏调任中共横峰区委书记，弋阳区委书记由黄道接任。

鄱阳会议结束之后，方志敏第二天清早告别了妻子缪敏，冒着寒风，迎着曙光，赶紧返回弋阳。一到九区，方远辉和黄镇中便高兴地对方志敏说："我们已组织好300人的暴动队，还夺了两支快枪，一切都准备好了，就等你下命令啦！"

"好！按预定计划行动吧！"方志敏毫不迟疑地回答说。

这天深夜，各农民革命团分头集合，传达了方志敏的命令。大家人人精神抖擞，拿起梭镖、长矛、鸟枪、锄头、扁担，在方远辉和黄镇中的率领下，星夜向烈桥进发。沿途群众听说是搞暴动，打张念诚，都怀着满腔怒火，纷纷自愿参加，队伍一下子扩展到3000多人。他们以迅雷不及掩耳之势，一举攻下了张念诚的老巢——烈桥。张念诚及其爪牙闻风狼狈地逃跑了。革命群众开了他的仓，分了他的粮，焚烧了他的田契和借据。这腾空而起的火光映红了暴动群众的脸，映红了烈桥附近的山山水水，映红了弋横大地。

九区暴动的胜利，揭开了弋横大暴动的序幕。方志敏后来说："弋阳九区是暴动的发源地。""从此，九区成了赤色的九区了；斗争了八九年，始终坚持，成为赣东北苏维埃革命最巩固的根据地。"

十六、横峰年关暴动胜利

弋阳九区暴动胜利后，方志敏化名汪祖海，于11月15日赴横峰出任区委书记。

方志敏来到横峰不久，负责与鄱阳县委联系的黄镇中就慌忙地跑来报告："鄱阳县委出事了！县委负责同志林修杰、周菽菡以及缪敏都被捕了。"

"是怎样被捕的？"方志敏急切问。

"据说，是叛徒出卖的。"

"可耻的叛徒呀，总有一天要找你们算账！"方志敏咬牙切齿地几乎要大喊出声，紧接着又问："他们被捕后的情况怎么样？"

"被捕后的第三天，两位负责同志就被枪毙了，就义时非常壮烈。缪敏同志还关在牢里，看看怎样营救法？"

方志敏脑涨耳鸣，头晕目眩，"营救"两个字，他根本没听清，他深为党失去这两位可敬的同志而惋惜，而痛心。缪敏的营救工作，便由黄镇中具体安排去了。

方志敏来到横峰后，首先找到黄道。黄道是八一起义后回到家乡继续从事革命活动的，他随即召开了横峰党员会议，介绍方志敏与横峰的同志认识，并对横峰党的工作作了交代，然后，就到弋阳九区主持区委工作去了。

在横峰的那些日子，方志敏化装成一个商人，住在楼底蓝家村花春山家里。花春山是贫苦农民出身，当时在蓝家村开了一间杂货铺，是黄道在横峰培养的第一批农运干部之一。

方志敏白天在屋里看书，晚上就到各村进行活动，积极发动和组织贫苦农民，大家都叫他汪哥或汪先生。他同花春山、蓝长金等，串连欠债最多、生活最苦的贫雇农，提出平债分田的口号，积极组织横峰年关暴动。

那时，横峰的共产党员和群众，因大革命失败后都受到反革命的严酷打击，有的被罚过款，有的被夺佃，有的从福建刚逃回家来，情绪不免低落一些。他们说："欠财主佬的债，会让我们平吗？地主佬的田肯让我们分吗？"有的还说："你是不是有谕子来的？没有谕子来的要犯法的。"遇到这种情况，方志敏总是耐心地进行解释，一而再，再而三，直到对方想通了为止；几天之内，居然被方志敏说服了好些人。他们高兴地说："照你这样说，革命是会成功的。"方志敏回答说："当然！"并嘱咐他们去向村里别的群众宣传革命道理，邀伴结伙，组织农民革命团体。

一天夜里，方志敏带着花春山和几个农民革命团的同志到琯山村进行秘密活动，召开了贫雇农座谈会。方志敏在会上问："没有钱用，欠了财主佬债的有几个？请举手！"三四十个人一齐举了手。方志敏又问："自家没有田种，向地主佬租田种的有几个？"大家又一齐举起手来。他们嘈杂地说："哪个不是穷的，不穷也不来革命了。"接着方志敏又问："大家赞成平债分田吗？"大家一齐举手，一边齐声喊道："赞成啊！"又说，"这个还不赞成？我们吃够了他们的苦！"于是共同宣誓："斗争到底，永不变心！"经过组织串联，很快发展了40多个农民革命团团员，琯山农民革命团成立了。

之后，方志敏又到青板桥、姚家垄、葛源等地进行活动，发展了一批农民革命团团员，成立了农民革命团组织。

短短的二十几天时间里，弋阳、横峰两县就建立了上百个农民革命团，大家纷纷以打猎为名，购置长矛、大刀、鸟铳等武器，武装暴动的条件日趋成熟。

楼底蓝家村位于弋横交界处，属横峰管辖。全村有上百户人家，除了4户地主外，其余全是农民。村中有个煤炭厂，名义上是农民搞的副业，其实，卖炭的钱都落进了地主豪绅的腰包。

方志敏到楼底蓝家村后，也是找最困苦的农民谈话。他询问农户家里有多少人，种多少田，欠多少债；并问欠了债准备怎么办。当有人说慢慢还时，方志敏就耐心地对他们讲农民穷和地主富都不是天生的道理；要是有人说要抗租抗债，方志敏就明确告诉他："对豪绅地主的租不能缴，债不能还，而且他们的土地都是我们的，一定要拿来分。要分田，就得打倒国民党反动派和豪绅地主的统治，这就要我们农民团结一条心。"

楼底蓝家村的群众工作有很好的基础，蓝长金就是这个村的农民领头人。在方志敏的启发下，又有蓝长金进行具体的鼓动工作，农民革命团很快就组织起来了。方志敏随之把这个村作为横峰暴动的起点，这是因为楼底蓝家村有许多优越条件：一是这里的群众靠挖煤推车为生，全村地主富农很少；二是这个村的群众斗争性强，不怕事；三是地形好，有茂密的山林，联通四方；四是武装基础好，因为打鸟的很多，有很多鸟枪，并有煤洞便于隐藏。

蓝长金与同村的几个人，开了个煤洞，每天为着一两块钱的煤，要脱得一身精光，在臭气熏蒸的煤洞里劳动十几个小时，挖的挖，拖的拖，爬出洞来一身乌黑，没有个人样，真是一文钱、一滴血！这样赚来的几文钱，却被横峰县衙门每月抽一大笔捐税，怎么叫他们不痛心呢。

12月10日，横峰县衙里来了一个收煤捐的官员，这个官员十分骄横，一下轿就发火。

"你们每月5块钱的捐，不按期缴纳，还待我来催，是何道理？"

"近来煤挖得不旺，凿进一洞又一洞，尽是石壁烂皮！"一个煤工一边抽烟，一边说。

"我们官府不管这些，我们只要捐。"官员根本不听解释。

"没有煤，我们饭都没有吃，哪有钱交捐？你这人怎么不讲道理！"蓝长金忍不住大声喊起来。

"原来你们是抗捐不交，我早听到你们结党要造反，现在总算弄清楚了，看吧，老子回去报告，明天就把你们抓起来，关进监牢，你们这帮狗东西！"官员破口大骂起来。

"你说哪个狗东西，你才真是狗！我们就不交捐！"蓝长金站起来回骂。

　　这一下气得那个官员跳起来，冲上来照着蓝长金的头上一拳打下去。蓝长金是个干活能手，又有一身好武艺，徒手能敌过两三个人。他眼疾手快将来拳挡过，顺手向那个官员的胸前轻轻一推，没想到这家伙架子虽大，却不禁打，被蓝长金这么一推，早已两脚朝天，倒在地上。他看看今天势头不对，于是识相地一个翻身从地上爬起来，拔脚就跑，一边跑，一边喊："你们抗捐不交，还殴打政府官员，明天再来和你们算账！"

　　眼见闯下大祸，有的人不免有些担心，明天要是衙门发兵来可不是好惹的，不是家破就是人亡。蓝长金却毫不畏惧，用拳头往胸前一捶，说："怕什么！组织革命团是干什么的，我这个团长是白当的？召集全村革命团的人来，追上去把那个委员抓回来杀掉，就没有人去请兵来了。"

　　大家都赞成蓝长金的意见，飞跑回村，把锣敲起来；一面敲锣，一面喊："革命团的人快来，捉回那县衙的狗官，他要去搬兵来捉我们的人啦！"

　　他们跑到离县城几里的地方才回来，并不解散，而是集合到蓝家村的祠堂里，杀猪煮饭吃，准备第二天真有队伍来，就杀它个人仰马翻。

　　当时，方志敏到弋阳九区开会去了，他们连夜派人请他回来。方志敏一到，大家都围拢来了，有1000多人。方志敏考虑暴动准备虽不十分充分，但事已至此，气可鼓而不可泄，因而果断地作出决定：

　　"照往日开会所讲的计划去做，暴动吧！"

　　方志敏的话刚落音，群众立刻欢声雷动。蓝长金把手一挥，说："大家回去，把梭镖、鸟枪擦得油光，把腰刀、匕首磨得雪亮，今天晚上就开始行动！"

　　与此同时，本村豪绅罗广生也在家里开会，他纠集一些有钱的富户，准备勾结官府抵抗暴动。大家闻讯，愤怒极了，要拿罗广生开第一炮。

　　夜半三更，暴动队伍举起松明火把，由蓝长金带队，向罗家冲去。农民团首先抄了罗广生的家，没收了他家的粮食财物，烧毁他家的田契债约，然后分头到其他地主和财主家里去收缴各种借据和契约，并把他们看管起来。

第二天早晨，横峰县衙门果然派来了一队警察，气势汹汹地开到楼底蓝家，扬言要拘捕殴打收捐官员的"肇事凶手"。事前，方志敏已指定由花春山来应付这个场面，玩它个"宴会擒敌"。花春山一见他们到来，连赔不是，并杀猪办酒，"殷勤"款待；正当酒过三巡，这些家伙昏昏欲醉的时候，花春山向众人使了一个眼色，埋伏在四周的农民革命团团员，蜂拥而入，十几个警察立时束手就擒，枪械也都被缴了。

消息传开，楼底蓝家一带沸腾起来了。夜间，鼓锣喧天，在"暴动万岁"的口号声中，革命群众高举松明火把，在村里游行庆祝。

当晚，方志敏发出各地同时暴动的通知，葛源、青板桥等地，也都暴动起来，暴动持续了十多天，范围占了全县的一半，参加暴动的有5万多人，可见农民群众要求革命之迫切，热情之高涨。

方志敏后来回忆说："横峰像一个革命的火药箱，我毫不讳言，我是燃线人。我走进横峰，把这个火药箱的线点燃着，火药爆炸了——革命的暴动很快就爆发起来了。"

1928年1月2日，方志敏在弋阳县烈桥乡窖头村主持召开弋阳、横峰、贵溪、上饶、铅山5县党员会议（史称窖头会议）。会议正确分析了形势，确定当前的中心任务是土地革命，以地方暴动夺取政权；还研究决定了起义纲领，制订了农民革命团公约。会议选举方志敏、黄道、邵式平、方志纯、吴先民、方远辉、邵棠组成中共五县工作委员会，作为五县党组织的领导机构，方志敏为书记；同时成立了暴动总指挥部，由方志敏任总指挥。

窖头会议后，为了扩大暴动区域和暴动成果，暴动总指挥部于1928年1月间发出各地同时暴动的通知，并决定各地起义队伍向外围猛烈发展。弋阳、横峰的农民革命团在暴动总指挥部的统一领导下，组成六路纵队，全面出击，参加暴动的农民达七八万人，弋阳、横峰两县纵横100余里的广大地区到处是暴动的队伍，村村飘扬着红旗；乡村国民党政权被推翻，农民革命团掌握了政权，罪大恶极的土豪劣绅被镇压，贫苦农民分田平债、分粮分财物，农民革命如火如荼地开展起来，出现了一派热火朝天的革命景象。

十七、一场严峻的考验

弋横农民的大暴动，震动了国民党南昌的省政府。朱培德连忙增加一个团的兵力，进驻紧靠弋阳、横峰的铅山河口镇。这个团到达河口后，迅速分兵进驻弋阳、横峰两县城，联合上饶、广丰、铅山、玉山、横峰、弋阳、贵溪的反动地方武装，并采用"利用农民制农民"、白军伪装起义等反革命策略，大举向暴动区域进攻。

农民革命军转眼间面临着一场严峻的考验！

农民人多势众，但毕竟敌不过训练有素和拥有良好装备的强敌的进攻，暴动最终受挫了。

对于这一失利，方志敏深感责任重大。要依靠这样一支骤然集结起来的庞大农军，对抗训练有素的反革命正规军，看来是不现实的。这次算是撤得快，伤亡还小，否则后果不堪设想。可这时许多同志还是头脑热得很，一看各种中心地区不断被敌人占领，都要求去夺回来，他们挽起袖子挥着拳头说："这样一场轰轰烈烈的大暴动，怎能眼睁睁地看着被敌人打下去？总指挥应该马上下令反击！"

方志敏既知不能硬拼，又怕不拼一下，暴动真的被敌人轻易打下去，伤了士气。怎么办？一时拿不定主意。

"志敏同志，不能犹豫啦！"

"志敏同志，几万穷苦农民都在望着你，赶快拿主意啊！"

"你革命坚决，大家都拥护你，要是该拼命的时候不拼命，大家要讲你不坚决啦！"

…………

这样一逼，方志敏反倒冷静下来了。他明白，同志们在用"激将法"。但是冲动便容易失之莽撞。现在，应该冷静地想出应付当前局势的办法。于是，他就和要他"拿主意"的同志们商量：

"同志们，拼它一场，倒也痛快！可是拼不赢怎样好啊？几万种田人的命不是儿戏呀！"

"那，就眼睁睁看着失败了？"

"不要讲气话！我们一起开个会，商量一下好不好？"

"好吧！"

方志敏把邵式平、黄道及总指挥部的委员一起找来开会。会上，那慷慨激昂、要和敌人拼命的意见，还是不少，方志敏就插话道：

"既然是商量，就不要一面子倒哟，要方方面面都想到才好。"

邵式平和黄道这时也已冷静下来，帮着说：

"现在，暴动中心地区已被敌人占领了，可我们的人都还在，这就不怕，留得青山在，不怕没柴烧嘛！要是去硬拼，会拼死许多人呢，怕是就不好办啰！"

发热的头脑，被凉风一吹，总算有些清醒了。下一步该如何办呢？方志敏极力想理出头绪："依我看，要商量出这样一个办法来：一方面让暴动的火不能灭，烧热的炉膛不能冷；另一方面又要保存力量，减少损失。"

"有这样一个办法，那当然是好。"

"人多主意多，一人提一个主意，办法就有了。"

大家这才真正冷静下来开始动脑筋了，你一句，我一句，越商量越热烈。方志敏听在耳里，记在心头，最后又和邵式平、黄道等一起总结出三条办法来：一是在农民革命团的基础上，各村各乡建立苏维埃，掌握乡村政权，保护暴动所取得的胜利果实。如果村子被敌人占去了，就采取"白皮红心"的办法，里外应付，这样，炉膛就不会冷；二是各路农军各回各村，一边种田，一边镇压反革命，保护村里人，办法是村村都派哨"眺高"，敌人来了，全村上山，这样，损失就会小；三是集中农军的"快枪"，建立一支游击队，由上过黄埔军校的邹琦率领，彭皋协助，一面机动打击敌人，一面积极壮大自己，这样，今后的发展就有希望。

大家一听，都觉得这样好。

从暴动进攻到有组织地退却，从集中大量农军到组织小规模的游击队，这是一个适时、正确的转变。有了这个转变，弋横暴动才不至于像当时有些地区那样，因为只知一味地进攻而遭到失败和重大损失。有组织退却的结果是，保存了20多支枪和纵横40余里的革命区域，这是十分不容易的；这表明，方志敏已经掌握了把进攻和退却有机地结合起来，坚持红旗不倒的斗争策略。

此时，他们与中共江西省委恢复了联系。1928年4月，省委派了饶漱石、冯任和省团委代表庞先飞前来巡视工作。经省委批准，成立中共弋阳县委，方志敏任县委书记；创建了赣东北第一支正规武装——工农革命军第二军第二师十四团一营一连。5月上旬，方志敏主持召开弋阳县第一次工农兵代表大会，成立了赣东北第一个县级苏维埃政权——弋阳县苏维埃政府。十几天后，在方志敏的提议下，横峰也召开了第一次工农兵代表大会，建立了横峰县苏维埃政府。这时，弋阳九区40余村，与横峰10余村，纵横六七十里的弋横根据地，就成了赣东北革命根据地的萌芽，标志着赣东北革命根据地创建的开始。

弋阳、横峰两县苏维埃政权的建立，使敌人极度恐慌。两县政府建立不到一星期，白军就发动了更大规模的疯狂进攻。敌人正规军1200多人分成四路，围攻苏区。敌人封锁苏区并占领了游击区域内的中心村庄。这样，游击活动的范围越缩越小，游击区内反革命分子的活动也嚣张起来，原来逃亡的地主又回来了。他们给白军通风报信，成了敌人的"眼睛""耳朵"，一连革命军游击到哪里，白军就追踪到哪里。后来，一连革命军只能在弋阳、横峰、德兴三县之间的磨盘山一带进行活动，弋阳县委领导下的漆工、烈桥、港口等地区之间，相互联系已经十分困难。敌人不停地日夜"搜山清剿"，一连数天和敌人兜圈子，粮食吃光了，白天吃不上饭，晚上睡不成觉，有人开始动摇了。

情况是严重的。要扭转这种局势，必须统一思想，确定正确的方针。6月间的一个晚上，方志敏决定召开弋阳、横峰两县干部会议。

十八、方胜峰会议

1928年6月25日，弋阳、横峰两县的干部会议，在磨盘山方胜峰的一座破庙中召开了。

这开会的地址是由方志纯出主意选定的，就在敌人驻地的后山上，夜郎自大的敌人，绝不会相信有人敢在老虎头上拍苍蝇，只要行动隐秘，敌人的眼皮底下反倒是最安全的地方。

会议由方志敏主持，参加会议的有邵式平、黄道、方志纯、邹秀峰、吴先民等20余人。会议才开始，共青团江西省委代表庞先飞就急于发言，他主张暂时解散队伍，把枪支理起来，以待日后卷土重来。

吴先民和邵式平他们听得不耐烦了，不等庞先飞住嘴，吴先民便按捺不住地抢着说："我看你是把你们那里起义失败的情绪带到我们这里来了吧？你怎么断定赣东北也非失败不可呢？"

"你这是什么话！"庞先飞跳了起来，"难道我……"

方志敏立刻制止他们："小声点儿，敌人就在庙外的山脚下。同志们，这是党内开会，大家的意见，尽管当面提出来，共同讨论嘛，千万不可意气用事，影响团结。"

"那我就打开窗子说亮话吧。"邵式平克制地说，"庞先飞同志啊，你考虑过没有，如果我们现在拍拍屁股走了，那么这里的群众怎么办？这里的贫苦农民，是我们发动起来，一起闹革命的，他们为了革命已经做出了重大牺牲。现在我们在困难的时候，就丢下他们跑走，对得住他们吗？这样做，叫革命群众怎样看待我们共产党？"

"我也不同意这种埋枪逃跑的方法，"方志敏坚定地说，"从大革命以来，这一带的农民群众，尽管多次受到反革命摧残，仍然坚持斗争，听党的话，始终相信党领导穷人打天下，也相信革命成功了，大家都有好日子过。正因为这样，广大农民群众才始终团结在我们周围，和我们共产党的干部同甘共苦，我们怎么能抛弃群众逃走呢？"

方志敏的意见，大家表示赞同。

"目前形势紧张，逼着我们多方面想主意。"方志敏捂着胸口缓缓地说，"我们如果引白军出去打，就一定要把敌人打垮！如果没有必胜的把握，何必引出去呢？相反的，引来引去，只能把队伍拖垮，让群众遭受损失。看起来，我们不但不能走，而且要变被动为主动，集中战斗力，消灭敌人，壮大自己。"

"另一方面，必须在政治上巩固我们的根据地。"他面对同志们投来的疑惑的目光，继续说，"同志们，你们想过没有，我们有的行动，特别是军事行动，很快就给敌人晓得了，这是什么原因？这说明我们根据地隐藏着敌人的耳目。我们必须在内部肃清奸细，才能多打胜仗，巩固根据地。"

"有道理，两个拳头打敌人，既要战胜白军，又要肃清反革命。"同志们劲头十足，庞先飞却低声反对道：

"说得轻巧，两个拳头打敌人，真能做到吗？不顾客观情况是否允许，只凭小资产阶级的狂热而一味蛮干，那是拿党的事业开玩笑，是对无产阶级神圣的革命事业不负责任。"他的音调越来越高，口气越来越强硬。

方志敏用冷峻的目光直视着庞先飞，冷静而严肃地说：

"老庞啊，我们来实事求是地进行主客观分析吧。今年年初，我们组织了大规模暴动，并取得成功，这证明了贫苦农民对革命要求非常迫切，这总不是光凭小资产阶级狂热所能做到的吧？这是第一点。以后强大的反革命武装多次向我们弋横两县的游击队进攻，我们武装力量虽然单薄，但还是尽量保住了部分革命成果，没有完全失败，这也是客观事实吧？现在检讨起来，我们之所以受挫，首先是还没有形成正规的作战部队，难以与训练有素的反革命武装抗衡。全国两百多起'秋收暴动'大多失败，主要也是这个原因。其次，到现在还没有认真分配土地，群众得到的实惠不多，不足以巩固他们坚持斗争的决心。加之党的组织领导不够，许多经过暴动的村镇，还没有党的活动。更何况我们领导干部，有的相当幼稚，缺乏斗争经验，甚至听说敌人来了便惊慌失措。这些缺点和错误，都是必须克服的。这是我要说的第三点。"他稍作停顿，接着说，"根据主客观实际情况的检查分析，可以肯定，我们不能没有作战的军队，也不能没有必须依靠的群众，更不能没有保证胜利的革命根据地。因此，我坚决反对不要武装、抛弃群众、离开根据地的错误思想。"他说得铿锵有力，震撼人心，"如果说我们坚持这几条就算是什么'小资产阶级狂热病'，那么，放弃这些，岂不是成了害怕革命的取消派了？"

一席话说得庞先飞低下了头。

方志敏又进一步分析："几个月来，一直是敌人追我们跑，未和敌人交过锋，怎知一定不能胜敌？再从敌方来看，虽然貌似强大，可是他们兵分几路，力量分散，加之群众憎恨敌人，条件有利于我们。因此，我们可集中力量，先打敌人薄弱的一路，打则必胜，以振军威，以安人心。"

同志们听了，顿时振奋起来，信心倍增。

"对呀，还没有打过白军嘛，怎能断定打不赢呢？"

"打白军的主力就算不行，打打靖卫团总没问题吧。"

"农民自卫军混进了反革命，最最可恶，要狠狠地打击，杀一杀他们的气焰。"

"最好赶快派人开辟新的根据地，扩大革命势力，必要时候还可以转移。"

会议最后作出三条决议：

第一，将主力部队连同40条步枪，全部集中，由邵式平统一指挥，选择从过港埠出来的靖卫团开刀，因为这一路敌人战斗力最弱，对群众危害却极大，群众最恨。

第二，方志敏带一批游击队员和6条枪，负责镇压反革命，鼓动宣传群众，巩固根据地。

第三，派黄道和方远辉、邹秀峰等同志，前往贵溪、德兴一带，开辟新的根据地。

方胜峰会议是赣东北革命斗争史上一次由游击战争转变到创建红军与苏维埃政权的关键会议。

十九、大战金鸡山

方胜峰会议结束后，邵式平根据会议的部署，指挥根据地军民大战金鸡山。

金鸡山，位于横峰、弋阳的交界处。论打仗，这里不是一块理想的地方。因为山不高，又是光秃秃的；半山腰虽有些杂树和竹林，也很难隐藏队伍，所以，战士们一看，都嘀咕起来，哪个也不肯上山。

邵式平在山上等得好急。这些刚放下锄头的战士，还不太懂得什么叫组织纪律，加上新学的叫"民主"的词儿，动不动就是"你还民主不民主"，因此，他们要是不愿意上山，谁也拿他们没有办法。邵式平只好自己下山去说服他们。

下得山来一看，嘀，一连连长胡德珍和战士们一个个还坐着哩！

"你们为什么不上来？"邵式平问。

胡德珍是黄埔军校六期毕业生，后在叶挺部下工作，参加过八一南昌起义。他是懂得军纪的，邵式平一发问，他立即站起来："报告，战士们不愿上！"

"嫌地形不好，是不是？"

"是的！"

"我呀，上大学读的是地理，懂点儿地势。这地势嘛，是不好，那么还有人势呢？敌人现在分四路进攻我们，可来金鸡山这一路，力量最弱。我们虽然地势不好，但敌人人势不好，这两个'不好'捏在我们手里一算，就算出一个好来啦！"

战士们听着很有道理，发出一片笑声。

"打赢一路，心里有数，就一路一路打下去。路路都打赢，暴动就没白闹一场，弋阳、横峰就还是我们的。"

战士们几个月来被敌人追得爬山越岭，吃野菜，睡茅草，情绪不免低落一些。这么一说，战士们心里有了数，就都霍地站起来说：

"吩咐吧，打！"

"好！跟我来！"邵式平说着把队伍带往山腰竹林里。

敌人出动了。所到之处，一路烟火，足足有10多里长。战士们心头仇恨的火焰，也越烧越旺。

六七里外的弋阳湖西村起火了；

霞阳坂前面的霞阳村起火了；

山脚下的金鸡村也起火了……

敌人窜到跟前了！漫山遍野都是被敌人追赶过来的贫苦农民，他们正扶老携幼艰难地跋涉。

群众过去了，后面敌人靖卫团就紧跟上来，进入了伏击圈。这时，只听得邵式平一声大喊："同志们，冲啊！"顿时杀声大起，一连战士从后面包抄过来，掩杀过去；吴先民事先埋伏好的几百农军，也挥舞着长矛大刀杀过来。两面一夹击，敌人乱了阵。这时，前面被驱赶的民众，掉转头来，帮助一连战士和农军呐喊助威，喊杀声震得山鸣谷响，吓得敌人魂不附体，只顾拼命奔逃。

邵式平和吴先民领着队伍一气追击了50多里，直逼弋阳城下。弋阳县长闻风逃出南门，城里的豪绅地主、官僚政客、奸商巨贾、太太小姐，也跟着逃跑，拥挤着抢过信江浮桥，不少人被挤下河去淹死了，连横峰县长也吓得慌慌张张地躲到河口镇白军据点去了。

首战告捷！紧接着，又在樟树墩和胡家墩伏击了两路敌军，都取得了胜利。至此，敌人的四路围攻被打垮了三路，剩下一路见势不妙，也赶紧收兵了。

三日三战，三战三捷，打出了初建红军的军威，打出了革命群众的志气，弋横这块根据地也开始站住脚了。好消息传遍根据地各个村庄，群众无不欢天喜地，他们唱道：

方胜峰上来开会，

计议消灭白匪军。

红军一到金鸡山，

吹散云雾天又晴。

这段时间里，方志敏主持的争取群众、镇压反革命的工作也取得了成果。

漆工镇上的一个作恶多端的地主被革命群众处决了；

横峰一个反动富农，刚刚写好给白军的接头信，就被群众当场抓获、打死；

一个号称"蓝老虎"的恶霸地主被活捉，革命群众还打开了他的谷仓，分了他的粮食。

这一连串的胜利，说明方胜峰会议制定的坚持斗争的方针是完全正确的。

但是在革命取得节节胜利的时候，方志敏的岳父缪日新在弋阳县葛溪乡缪家村家中病逝。缪家村距离县城不足10里地，8个月前，缪日新因受女婿方志敏闹革命的牵连，被国民党县政府抓进监狱，后因得了重病被亲友保释。不久，国民党地方当局又来抓缪日新，见其重病卧床而将缪敏姐夫汪辉昌抓去，年已66岁的缪日新忧病而逝。缪敏数月后才知道情况，强忍悲痛，把母亲接到了苏区。

方胜峰会议决定的三项任务已完成两项，敌人第一次局部"围剿"被粉碎了，弋横的局势有了好转；黄道、邹秀峰去贵溪开辟第二块根据地的任务完成得怎样呢？方志敏急于要去贵溪了解情况。

二十、开辟第二根据地

1928年7月下旬，方志敏化名徐松柏，兴致勃勃地来到贵溪县周坊村，抓紧创建新的革命根据地的工作。

贵溪的革命形势,比起弋横的大发展来,暂时不免要落后一些,原因是比较复杂的。大革命时期,贵溪就开展了轰轰烈烈的"打倒土豪劣绅"的群众运动,但这里反动势力根深蒂固,大革命过后,敌人对革命力量实行残酷镇压,共产党员江宗海就被捕牺牲了。

1月窖头会议后,邵忠、邵棠两兄弟被派回周坊开展工作。他们是本地人,但从小在外,所以他们回来半年,才建立起一个党支部;进一步组织农民革命团的工作,一时还没有做起来。黄道、邹秀峰则是6月方胜峰会议后才来周坊,时间不久,工作也还没有全面铺开。

对这一切,方志敏心里有数。他没有责怪周坊的工作进展太慢,只是想多了解一些当地的实际情况,然后再商定下一步的行动。他带着一种迫切的愿望,同黄道、邹秀峰深入交谈:

"一地一个时鲜,一地一种话,请二位给我讲讲这里的情况好不好?"

"哟,两个月不见,客气起来了!"黄道笑着说。

"好好好,闲话少说,秀峰,你就先讲一讲。"

"弋横暴动对这里影响很大,贵溪的豪绅地主都吓得要死。也正因为这样,他们警觉了,什么团练之类的反动武装也办起来了,一有风声,便剑拔弩张。所以,我们行事,就不能像组织弋横暴动那样大刀阔斧,需要万分小心。要不,事未起,风声先漏出去了,事情就难办了。"

"唔,煮了夹生饭,再煮就煮不熟了。"方志敏点头道。

邹秀峰继续说:"县里有个靖卫团总叫翁志高,和周坊村边岭脚下的一个绰号'水蛇崽'的大恶霸周龙太有往来。'水蛇崽'兄弟四个,就仗着他的势力,养起一批地痞流氓,打探消息,送情报,恶得很。碍着这个地头蛇,我们不能不考虑农民革命团怎样发起才妥当。"

黄道补充说:"像弋阳那样'上名字',也要得,不过我们还想再加点儿封建保护色,比如用'九友结义''十三太保''一百单八将'这一类讲义气的团体来'上名字',恐怕更能瞒过敌人的耳目。"

"到哪里讲哪里的话,行哪里的事,尊重当地的实际,就是尊重唯物主义啊！"方志敏赞许地说。

"志敏，你真会点睛，是龙是蛇，经你一点，就清楚啰！"黄道高兴地说。

接着，方志敏又找邵家兄弟交谈许久，再找党员和群众骨干问明了情况，然后将黄道、邹秀峰、邵忠、邵棠等找来开会。

"余江、万年有动静吗？"方志敏问。

"余江县党的负责人李咸清同志，万年县党的负责人裴雄太同志，都已经接上头，他们也在着手组织暴动。"邵棠说。

"好！下一步，你们扩大党团队伍，训练暴动骨干，能不能和余江、万年的同志联合起来搞呢？"方志敏又问。

"要联合起来搞，也可以，横竖都靠近，情况互相也熟悉。"邵忠说。

"那么，就合起来搞吧！我这次来，沿路看到贵溪多山，地势很好；周坊又位于贵溪、余江、万年交界，一旦暴动，声震三县。这使我产生一种新的想法，现在提出来和大家商量。"

原来，方志敏这次来，是为了察看地形，筹划革命大计。金鸡山战斗后，他觉得弋横可以立住脚了，又了解到邹琦、方远辉去德兴工作很有成效，正准备举行暴动。若暴动成功，弋、横、德三县便成三角之势。贵溪和余江、万年也是一个三角，而且东面正与弋阳、德兴相接，两下一并，便合成一大块。原来设想的"立足弋横，沿信江发展，自成天下"的朦胧设想，现在越来越清晰了。所以他想：开辟第二根据地，不能按原来计划的那样只着眼于贵溪了，应面向三县；也不能只消极地作为转移的退路了，应积极地作为发展的基地。

方志敏将这个新想法提出来以后，大家都觉得很好。

黄道沉思后说："这想法可以行得通，做下去也有劲，只是领导力量就显得有点儿不够了。邵棠同志已引起敌人的注意，得赶紧调开。这一调开，人手就更加紧张了。"

"能不能从弋横方面再抽点儿人过来。"邹秀峰也感到力量单薄。

"可以。志纯原就准备过来的，再增加程伯谦、李尚达好不好?"方志敏问。

"这还有什么话说!"大家一口赞同。

"那就这样决定了。"方志敏果断地说。

"好!完全同意。"

会后,方志敏本想深入到周坊18个乡、80多个村,再做些调查研究工作,但来不及了。敌人已重新集结兵力发动了第二次局部"围剿"。这一次,敌人又以二十九师罗英团和四十六军杨劲部一个营为主力,加上当地的靖卫团,兵力比上次多得多。红军在金鸡山大捷后,虽有所缴获,部队也有所扩大,已改为"中国工农红军第二军第二师第十四团",但实际上仍只有一个连的兵力。敌众我寡,能不能抵挡得住还是一个未知数。

军情紧急,方志敏匆匆赶回弋阳。

二十一、粉碎"围剿"扩大队伍

白军罗英的六十六团在金鸡山惨败之后,退居河口,受到朱培德的严厉训斥,并令其重新组织"围剿",限"在一个月内肃清弋横共军"。因此,罗英的这次反扑,是孤注一掷,来势凶猛,一路烧杀。

方志敏赶回弋阳和邵式平碰面后,立即召开红军干部会,讨论如何打退白军第二次"围剿"。会上,大家情绪非常激动,都要求马上迎战,为乡亲们报仇。邵式平几次插话,要大家注意"敌众我寡,敌强我弱"的基本态势,冷静下来好好想一想对付敌人的办法,可大家还是吵吵嚷嚷,平静不下来。邵式平有点儿火了,呼地站起来,左手叉腰,大声说:"打了几次小胜仗,尾巴就翘上天了是不是?"

大家这才静下来,但气仍未平,一个个烟筒磕得砰砰响。方志敏见了,笑着说:

"田鸡装着一肚子气,总不往外吐,只是往里吸,这就把田里的虫子都吸进去了,你们说是不是?"磕烟筒的声音静止了,大家都停下来用心听。方志敏接着说道，"带兵打仗可不比种田，过去种田人，说声报仇，拿根扁担拢上去，死活一个人，顶多一家人；现在带兵打仗，也说声报仇就拢上去，百把个人上去了都下不来，怎么办呢？我们这百把个人，肩上的担子重着呢，既要报眼前的仇，又要报几千年的仇，还要把天地翻转过来哩。怎么可以不管三七二十一，先出出气再说呢？现在是秃子头上的虱子明摆着，敌人人多枪多，我们枪少人少，要是不像田鸡那样鼓起肚子拿出点儿真功夫来，怎么行呢？这个肚子怎样鼓？这个气怎样吸？就要动脑筋。"

这几句形象而生动的话，讲得大家直拍巴掌，都说："讲得对，是不能乱来，要动脑筋。"

"依我看，也用不着费大脑筋。"连长胡德畛说。大家不禁都看着他，他也不慌，还是不紧不慢地说："上一次，先东藏西躲，以后伏在金鸡山，一打就赢，一赢就接着赢。那种打法就可以。"

"那叫避强敌，寻战机，然后出敌不意，速战速决！"方志敏总结似的说。

"对，这一次也这么办！"许多人跟着说。

"这就有脑筋啦！"邵式平脸上露出了笑容，"我们都看过铁匠打铁，打铁要看火候，火候不到不动手。打仗也要学会看火候。不要看敌人现在来得凶，火候一到，打它个扁就扁，打它个圆就圆。"

大家都听得笑起来。

"笑归笑，同不同意看'火候'？"邵式平问。

"同意！"

"口讲不算，举手表决！"方志敏说。

"现在举了手，到时候可不能发急。"方志敏见大家都举了手，又补上一句。

"不急，不急。"

"讲是不急，路走多了，爬山越岭，有一餐没一餐，肚子又要打官司啰！"

"不会，不会！"大家异口同声地回答说。

邵式平和大家一道商量出了具体办法，就领着队伍跟敌人打转转。转了一些日子，看准时机，就集中兵力"游击"敌人一下。"游击"了几次，敌人慌了，部署也乱了，忙着防守也不敢进攻了。方志敏和邵式平觉得"火候"已到，可以袭击敌人了。

9月24日，队伍在冷水坑首先打了一个截击战，一举击溃敌人两个连，毙敌20余人，驱散了跟着来抢粮的地主，缴获步枪10余支，谷子300余石。继而在龙浆坞又打了一个伏击战，大败敌军，击毙敌连长1人和士兵30余人，缴获枪支一批。接着在登火坑打了一个夜袭战，终于把敌人打得溃不成军，其残部龟缩在弋阳县城不敢出来。

罗英团一败再败，朱培德怀疑这支部队不稳，并"有违军令"，遂调回将其解除武装，罗英本人也因之掉了脑袋。敌人的这次"围剿"也以彻底失败告终。

这样一来，人心大振，弋横形势大好。于是，方志敏就腾出手来，到外线指导工作。

10月，他赶到万年县，主持党的"葛茅坞会议"，部署万年县的农民暴动。

11月26日，方志敏领导德兴县18个村子的农民暴动，弋横苏区遂向德兴伸展40余里。

正在赣东北工作取得节节胜利的时候，12月5日，为贯彻中共六大精神，中共江西省第二次代表大会在湖口县舜德乡王燧村召开，方志敏秘密前去参加大会。会上，他当选为省委执行委员。他还代表弋横两县县委联席会在会上提出"建立信江特委"的提议，获得大会通过。随后，成立"信江特委筹备委员会"，由方志敏主持筹备工作。

就在方志敏出席湖口会议期间，邵式平等根据方志敏提出的"在敌强我弱的艰苦战争环境里，要不惮艰辛地进行国民党军队中的士兵运动"的意见，积极开展国民党军队中的"士兵运动"。这时国民党金汉鼎所属十二师三十六旅周志群部正策划向苏区进行第三次"局部围剿"。周志群部是贵州军阀的杂牌军，处处受到国民党嫡系部队的排挤和歧视，士兵的粮饷被长官层层克扣，冬天还穿着单衣。这次被驱使进山区打仗，又到处遇到坚壁清野，面临着饥、寒、病、伤的处境，更加怨声载道，思乡厌战。针对这种情况，邵式平等发动苏区军民，一方面集中兵力相机袭敌，一方面用贴标语、散传单、对敌喊话的方式发动政治攻势，瓦解敌人。

经过一系列的艰苦细致的工作，12月底，在排长匡龙海的带领下，在德兴县磨角桥率领周志群部十一连70余人宣布起义，星夜投奔红军；接着敌十二连士兵由副连长杨廷辉、排长龙志光率领又在弋阳哗变过来。周志群的三营有三个连，其中两个连先后起义和哗变，剩下的一个连，即九连的士兵，也乘着黑夜偷偷地前来投奔红军。这样一来，整个周志群部不得不调离前线进行整编，敌人的这次"局部围剿"不攻自破。而与此同时，红军十四团的力量猛增一倍以上，扩充为三个连，使红军部队的战斗力得到一定的加强。

方志敏说："我们增加了60多条快枪，一共就有130多条快枪了。""从此以后，一方面应付匪军，一方面加紧训练，红军便走上正式军队的道路了。"

二十二、胜利发展的1929年

艰苦险恶的1928年终于过去，迎来了胜利发展的1929年。

辞旧迎新的时刻，方志敏二上贵溪，代表省委宣布成立中共贵溪县委，以黄道为书记，并调来军事骨干，运来8条枪，帮助组织游击队。这样，有了统一领导，又有了自己的武装，暴动的组织工作加速进行。

贵溪县委成立后，方志敏就返回弋横苏区，筹建信江特委。2月，他主持召开信江第一次党员代表大会，决定成立信江特委，他任代理书记，特委内设组织、宣传、军事、职工等委员会和秘书处。信江特委的成立，使苏维埃区域有了党的统一领导机构，标志着革命根据地由初创的弋（阳）横（峰）时期进入到全面发展的信江时期。

3月，方志敏将信江第一次党代会的情况和会议通过的6个决议案呈报给中共江西省委，在主持起草给省委的报告中，要求省委帮助了解赣东北毗邻的福建崇安的革命斗争情况，以便与那里的党组织取得联系。同时，中共信江特委机关刊物《红旗》周报创刊，到1930年发行量达1万余份。

4月，省委派唐在刚任中共信江特委书记，方志敏主要负责政府工作。接着，江西红军独立第一团成立，由省委派来的周建屏任团长。这些重要工作忙完之后，方志敏本想马上去贵溪，不料朱培德又走马换将，调遣王均的第七师为主力，向弋横根据地发动了第三次局部"围剿"。

5月，敌人从上饶、德兴、弋阳分三路向磨盘山包围。其中，弋阳长茅岭一路兵力最为薄弱，而这一带地形又对红军有利，方志敏和邵式平商议，决定派两个连的兵力，在长茅岭埋伏。敌人进入埋伏圈后，红军一个冲锋，便将敌人切成两截。前面一股敌人溃退，后面一股被打散。这一路敌人被打垮后，其他两路敌人也闻风后撤。红军乘敌人撤退混乱之际，又在团林打了一仗。当时，团林驻有一个敌正规连和一个80多人的靖卫团，红军歼灭了靖卫团，一个连的敌正规军也被吓跑了。敌人第三次局部"围剿"就这样被粉碎了。

5月26日，方志敏三上贵溪。

这时，贵溪等三县的革命形势发展很快，贵溪的塔桥、泗沥、横山一带，建立了党支部，以周坊为中心的附近地区，党的组织迅速扩大。余江的象鼻湾、画桥、大桥，万年的富林、葛茅坞等地，先后都建立了党支部，培养和团结了一批积极分子，"平债分田分地"的口号深入人心。

接着，经方志敏建议，召开了贵溪、余江、万年三县党员会议，黄道、邹秀峰、邵忠、方志纯、程伯谦、李尚达，还有余江的李咸清、万年的裴雄太等参加，会上，总结前一段工作，决定以周坊为中心，全面掀开。

开完三县党员会议，方志敏回到弋横没几天，周坊暴动就掀开了。

　　暴动正要向三县扩展，翁志高突然出动了，但他烧杀了一阵子又缩了回去。黄道等人都觉得翁志高对暴动威胁很大，得先把他打掉。可他躲在县城里不好办，于是就设下"引蛇出洞"的计策，把翁的父亲和弟弟抓到周坊，杀弟留父，让他父亲带着满身伤势逃到县城去。果然，翁志高气得"哇哇"直叫，随即叫来靖卫团秘书刘华，定下出兵周坊的行动计划。刘秘书原是黄道派进去的人，当即派人把"计划"送到黄道手中。黄道连夜召开中共贵溪县委会议，定下"酒肉计"，选定在桃源胡家村消灭敌人。因为这一仗，关系到贵溪、余江、万年三县大片新苏区能不能打开局面，所以火速派人向方志敏汇报，并请求红军支援。

　　方志敏听了汇报，兴奋地对来人说："好！红军连夜赶到。"

　　次日，翁志高领着靖卫团100多人出了县城后，由秘书刘华按黄道的布置引到桃源胡家村大吃大喝，一个个都被灌得烂醉。翁志高倒在躺椅上，鼾声如雷。刘华当即发出信号，红军和农民革命团马上如潮水般涌进村里，将翁志高和大部分靖卫团员都活捉了，并缴到40多条枪。接着召开大会，就地枪毙了翁志高，宣布成立中国工农红军独立一团第七连。几天之内暴动在三县边界60多里的范围内一齐展开，人数达7万，直接威胁着三县县城。

　　三县暴动成功了，赣东北第二块根据地开辟了，方志敏的设想实现了。

　　7月，白军王钧部，纠集广信、饶州十余县的豪绅地主反动武装，组织"联合围剿"。他们认为红军和群众的藏身之地为山林，如果树木砍光了，失去藏匿之所，就不难一网打尽，因此，这次"围剿"，特别注重砍树。他们靠金钱收买和政治胁迫，在所属农村普遍组织砍树队，其中以弋阳的官府和豪绅最卖力，一下子组织起6000多人的砍树队，跟随白军向弋阳九区进发。

　　方志敏对于敌人所采取的这一异想天开的"绝招"早有觉察，预先派了很多人打入砍树队，从内部活动。一方面宣传工农不打工农，穷人不打穷人，启发他们的阶级觉悟；另一方面宣传红军打仗，十分厉害，帮助敌人去砍树，会有生命危险。经过这样的宣传，砍树队十分的劲头，已软下八分，都怕有去无归。有些人哭着要退出砍树队，有的砍树队走到半路就散了一半，还有的听到一点儿什么风吹草动就吓得一哄而散。再说连绵大山，茫茫林海，砍也无从砍起，又何时才能砍光啊！直到这时，白军上下才发现这个"砍树围剿"方案实在荒唐可笑。恼羞之余，他们在十几个村子里放火烧屋。白军正要退走，红军突然赶到。枪声一响，白军边打边走，可怜那几千名砍树队员吓得四处逃散。至此，敌人精心设计的"砍树围剿"完全被击破了。

这时，正值秋收季节。弋阳的信江以北地区又全面掀起秋收暴动，建立区乡苏维埃政府，苏区方圆扩大100多里，人口增加8万余人，弋阳县城已成为一座孤城；同时，横峰苏区向外扩展不小，德兴苏区也扩大了一倍以上。

弋横德苏区扩展了，贵余万苏区开辟了，这两个三角地带，互为掎角之势已成。但是，如何把这两块苏区联成一片，并进而往哪里发展，亟待特委作出新的安排。

就在红军取得胜利的时候，阴险狡诈的国民党对方志敏的亲属下手了。7月10日，方志敏的大伯方高显、堂叔方高烈在弋阳县城被国民党地方当局杀害，罪名为"共匪头子"方志敏的亲属；同时被杀害的还有曾做国民党军哗变工作的杨莲花和她的哥哥杨旺有。

亲人的鲜血，吓不倒革命战士的斗争决心；但亲人的逝去，是令人悲伤的，痛苦的。这痛恨只能深埋心底，有朝一日会爆发出来。

二十三、土地问题是农民的根本问题

1929年10月1日，信江八县第一次工农兵代表大会，由方志敏主持，在弋阳九区邵家祠堂召开，参加会议的还有弋阳、横峰、德兴、贵溪、余江、万年、上饶、铅山等八县代表160余人，列席会议人员

140余人。

自古以来，信江工农大众哪里有过自己讲话、议事的权利？如今，160多名代表聚集一堂，要选举自己的政府，讨论关系自己命运的大事，这是何等盛大的节日。"白天开会，晚上演新戏"，红灯高挂，彩旗飞扬，笑声、歌声、鞭炮声响彻云霄，好一番热闹景象。

大会开了3天，议决了施政纲领，议决了土地法，议决了财政、税收、借贷、贸易等政策，议决了劳动法、婚姻条例，议决了苏维埃组织法、红军与赤卫队条例、肃反条例、优待红军家属条例等；最后选举了信江苏维埃政府执行委员会和主席团，执行委员17人，候补委员5人，主席团成员9人，方志敏为主席，信江特区苏维埃政府设在弋阳九区烈桥黄沙岭。

信江特区苏维埃政府成立后，苏区的各级政府有了统一的领导，政府各项工作逐步走上正轨。它的建立，标志着信江苏区的工作发展到一个新的阶段。正如方志敏所说："我们脱离了天天爬岗爬岭、躲山躲坞的生活，比较安稳地建立起机关来做工作了。"从此，信江特区党、政、军三个主要系统分开，唐在刚主管特委工作，方志敏主管苏维埃政府，邵式平主管军委会。这时省委又让孙志清前来担任"中国工农红军江西独立第一团"团长。

从弋阳九区暴动到现在，整整两年时间，这是极其艰险、极其紧张的两年。方志敏这两年在解决许多重大问题时，"都不是照抄前例的，而是用前所未有特创的新方法去解决的，表现出苏维埃惊人的创造力量"。

信江特区苏维埃成立之后，摆在方志敏面前的工作仍然是千头万绪：制定了土地法，就要考虑如何全面铺开分田分地的工作，怎样才能做到抽肥补瘦，好坏均匀；统一了财政经济政策，就要办税收，经营工商业，以至设法开办银行；明确了苏维埃的各种制度，红军和工作人员就首先要定生活标准，立预算，实行统一的供给；要使苏区人民的生活过得好些，就需要组织生产，发展百业，可许多地区，连种子和耕牛都被白军抢光了，需要及时解决；还得打破敌人的封锁，设法沟通红区白区间的贸易渠道……何况，眼下还有频繁的战斗发生。

面对问题成堆的现状，方志敏经过再三考虑、权衡，决定首先集中力量解决土地分配问题。这个问题解决好了，有利于根据地的巩固和发展，有利于支援革命战争，有利于促进生产的发展，有利于提高群众生活水平，从而使其他问题迎刃而解。于是，他找到特委书记唐在刚，建议特委召开会议，统一思想，迅速作出决策。

方志敏生于农村，长于农村，大革命时期又从事农民运动，对农民的痛苦有切身的体验。他历来主张"解放农民就是要使耕者有其田"。在总结弋横暴动初期失败原因时他曾指出："土地问题没有迅速解决，田没有着手去分配，就不能巩固群众坚持斗争的决心。"并明确指出，土地问题是农民的根本问题。

在特委会上，方志敏从当时斗争实际出发，系统地阐明了上述观点，并且建议，现在应该是着手解决农民的土地问题的时候了；应集中力量，全面铺开信江特区的土地分配工作。

二十四、打掉"清乡团"

1929年11月12日，信江第一次工农兵代表大会议决的《临时土地分配法》，以信江特区苏维埃政府主席方志敏署名，在信江苏区所属的8个县"布告"周知了。布告规定："没收豪绅地主和一切封建祠堂庙宇的全部土地，以村为单位按人口平均进行分配。"办法是："在谁种谁收的基础上，抽多补少，抽肥补瘦。雇农、贫农和红军家属分好田，豪绅地主分坏田。不会失业的农村手工业工人本人不分田。"

布告发出后，雇农、贫农眉开眼笑，中农心里安稳，富农解除了怕"没收自己土地打烂平分"的顾虑，就连地主豪绅也感到"只要自己遵守法令，重新做人"，也有生活出路。

信江苏区所属八县逃荒在外的群众，听说家乡世道变了，方志敏"行共产""分田地"，也都纷纷赶回家乡来分田分地。分田以村为单位，田多多分，田少少分，好坏搭配，按全村人口和土地面积分摊。

在各县各村讨论分田分地的会议上，绝大部分人都说这个分田办法好，但也有人提出不同意见。贵溪周坊三板桥村就有人提问说：

"这个《土地法》有毛病，地主豪绅也分田，革命革哪个呢？"

"还有呢，当过靖卫团害人的也分田，不讲阶级立场！"

"唔，这个《土地法》是有点儿奇怪，得去问问苏维埃，顶好去问问'布告'上写的那位方主席，问清楚才好放心。"

方志敏当时仍兼任贵溪县委书记，化名徐松柏。他刚从弋阳赶来参加一个讨论会，听到这些议论，就用反问的口气插话：

"你们看，地主豪绅连他们家里人一齐杀掉怎样？"

"这怕使不得，老徐同志，对他们也该分个好坏，不分青红皂白统统杀掉，恐怕会坏事的。"

"可不杀，留下一个人一张口，要吃饭又该怎么办呢？"

"是呀，这可真是个大问题。"

坚持不给地富分田的同志一听，这才不做声了。这时，认为该给他们分田的同志又议论开了：

"对地主豪绅，哪个不恨？现在嘛，共他的产，分他的田，他不能再剥削了，这口恶气也算出啦！做事要是做绝，不给他们留条活路，把他们逼上'梁山'，我们怕也不得安宁，革命怕也不顺当呢。"

方志敏就是这样统一了大家的认识。

11月下旬的一个中午，三板桥村在晒场上发土地证。贫苦农民接到土地证时的高兴样子，是无法形容的。会后，他们举着土地证游行，前面是手持红缨枪的儿童团，接着是腰系红绸翩翩起舞的青年妇女，最后是戴着红袖章、扛着鸟铳、梭镖的赤卫队。锣鼓喧天，鞭炮齐鸣，"打倒国民党""拥护苏维埃"的口号声此起彼伏，掀开了苏区农民翻天覆地的新篇章。

方志敏眼看着这一村又一村的喜庆场面，又听到"打倒土豪分田地，苏区人民好欢喜"的阵阵歌声，内心充满着喜悦。

可是，分田地是一场尖锐的阶级斗争，就在贵溪分田分地的时候，敌十八师的一个连及靖卫团又向周坊发动围攻，清乡局长、大地主邵善德也跟着回来了。他们纠集一批豪绅地主，集中枪支，成立"清乡团"，派出"清乡队"，开展"清乡运动"，反攻倒算，极其凶残地杀害分田运动中的骨干和积极分子。这些骨干和积极分子一旦被他们捉去，轻则吊打，重则剖肚挖肠，弄得人心惶惶，有的农民甚至把分到的田又退回给地主。

这时，方志敏正在万年发动暴动，48个村子相继建立乡村苏维埃政权，开展"打土豪，分田地"的斗争，创建了以富林村为中心的万年新苏区。当贵溪来人向他报告这一情况后，他顿时感到问题的严重性。这是敌人破坏分田运动，若让其继续得手，势必波及其他乡村，使整个信江苏区的土地分配工作受到严重影响。于是，他星夜赶回贵溪。

方志敏赶到贵溪，了解了敌我态势，觉得可以依靠现有力量办好两件事：一是马上举办游击队训练班，成立县、区游击队；二是开展"反清乡运动"，打掉"清乡团"，严惩反攻倒算的豪绅地主，保卫群众的胜利果实。于是，他召开全县党员会议，制订了行动计划。

在12月"反清乡运动"中，方志敏深入被敌人占去的周坊，智擒豪绅地主。

那天傍晚，方志敏化装成白军军官，穿一身黄制服，戴一副茶色眼镜，骑一匹大白马，带领十几个"卫兵"，威风凛凛，一路上碰到的靖卫团团丁，都向他举手敬礼。进村后，方志敏就叫"卫兵"们号房子，同时吆喝着，"大军"明天就到。村上的豪绅地主信以为真，纷纷跑来打听消息，大献殷勤，并准备酒饭，为"长官"接风洗尘。

"你们是干什么的？"方志敏问。

"我们都是本村人。"两个地主答道。

"都是财主？"方志敏又问。

"岂敢，岂敢！"两个地主笑容可掬地答道，并连连鞠躬说，"长官有请！"

方志敏连理也不理，用皮鞭指着一栋青砖粉墙大屋，对"卫兵"说："把这栋房子也号上，驻一个连！"

"这房子是我的！"一个地主赶忙声明。

"不管谁的都得号！"一个"卫兵"顶着说。

"我是清乡局的，请照顾！"这个地主赶紧亮出自己的身份；另一个地主也忙说："我也是清乡局的。"

"清乡局？为什么到这时才来见我们长官？"

"小人知罪！小人知罪！"

方志敏微微一笑，说："算啰！算啰！"两个地主受宠若惊，赶紧设宴，邀请"长官"赏光。

在酒饭桌上，方志敏对地主说：

"你们怕方志敏，方志敏有什么？没长三头六臂吧。我们大军一到，就要他的好看。你们告诉我，方志敏是个什么样子，到时候我给你们抓来，保你们太平无事。"

两个地主对方志敏只闻其名，未见其人，怎知道他是个什么样子？只好回答说："大军一到，不怕方志敏长翅膀飞上天！"

方志敏听了，一阵哈哈大笑，笑毕，脸色突然一沉，严厉地说："为配合大军行动，今天晚上8点钟，在周家祠堂商谈军机，由你们两人负责，立即通知各村要人，准时到达，倘有不到，唯你们是问！"

夜幕降临，漆黑的旷野里，路上灯笼点点。

时间已到，周家祠堂里的八仙桌旁，围坐着十几个地主豪绅，大家都伸长脖子盯着大门外，静候长官到来。

"立正！"大门口卫兵一声喊，豪绅们顿时紧张起来。方志敏刚跨进大门，豪绅们一个个赶紧作揖，趋奉唯恐不及。

"都来了吧？"方志敏问道。

"都来了！"负责通知的那两个地主笑嘻嘻地答道。

"点名！"方志敏转身对一个"卫兵"说。

点完名，方志敏说声"请稍待"，便走出大门。十几个地主豪绅直愣愣地目送着他。忽听得一阵哨子声，祠堂四周杀声骤起，从大门外涌进无数手持梭镖土铳的赤卫队员。豪绅地主们立时被这突如其来的事变吓瘫了。

"你们助纣为虐，反攻倒算，罪大恶极，百姓要惩罚你们！"方志敏走到他们面前宣布道。十几个地主豪绅这才明白，原来这位长官正是令他们闻之色变的方志敏！

这一夜，整个贵溪北乡统一行动，在30多个村庄里一共捉到70多个豪绅地主。那位"清乡局"局长、在关王庙战斗中漏网的邵善德，也做了瓮中之鳖。

捉了这么多的豪绅地主，却只处决了邵善德等两人，对其余的人都按情节轻重作了发落，并警告他们："再不老实，严惩不贷。"

一夜风暴，显示了革命群众的力量，也显示了共产党"区别对待"的政策，这一行动打击了反动势力的嚣张气焰，"清乡"也就此告终。敌十八师失掉耳目，只好龟缩在城里，不敢轻举妄动。

贵溪局势大定，保住了胜利果实的群众都欢天喜地，到处出现参军参战、拥军支前的动人场面。随着形势的发展，1930年1月1日，红军独立团在弋阳余家仓扩编，下属6个步兵连、1个机关枪连，拥有各种枪械420多支。

1月20日，信江军政学校第一期学员经过近三个月的训练，在弋阳烈桥乡窖头村举行毕业典礼。信江军事委员会主席邵式平讲话期间，一个营的国民党军突然来袭，军校学员与敌激战一个小时后主动撤退。

2月间，特委决定：将特区苏维埃政府主席职务交由邵式平接任，方志敏专任信江军事委员会主席，主持军事工作，不再兼任贵溪县委书记，改由方佩龙接任。方志敏接到任命，立刻从贵溪奔向弋阳芳家墩驻地，去接受新的任务。

二十五、红军带兵靠觉悟

方志敏到任后，决心要经过整顿，把独立团建设成一支有较强战斗力的精锐队伍。

独立团，是经历了由农军、游击队到正规红军这样一个过程建立起来的，成员中还有起义和投诚过来的一部分白军，有的白军军官还被提拔当了红军连一级干部。这样，队伍中不仅带有农民的自由散漫、极端民主化作风，也有从白军中带来的军阀主义习气。这次整顿，正是要解决这两方面的问题。

在红军中那种自由散漫、极端民主化的作风，方志敏早有发现。比如，打仗一不顺利，有些战士就自己跑散了，虽然事后都会自动回来，可如此随便，怎能成为坚强的革命队伍呢？更可笑的是，有一段时间打仗都要经全体战士表决，不举手就不能打，这样下去，总有一天要吃大亏。为培养红军干部，方志敏办起了信江军政学校，支持校长邹琦按黄埔军校的经验来办校抓军队整训。方志敏首先对党员严格要求，规定吃饭时间只有10分钟，哨子一吹，吃不完也只能放下碗；操练走队形，瞄准、刺杀、投手榴弹，哪怕腰酸腿痛，也不能擅自休息。于是有的党员哇哇直叫，说："这样严不对头。"方志敏说："不这样严，你能改掉种田人的散漫习气，变成坚强的红军干部吗？"

有一天，方志敏到三连看操练，正逢连长匡龙海在训斥一个做错动作的战士，并罚他持枪下跪。方志敏见了，大吃一惊。他所要求的整军与惩罚主义、军阀作风是不相容的，于是他当即向匡龙海严肃地指出这样做不对，应该让战士站立归队。匡龙海刷的一下满脸通红，但还是两脚一并，立正应答："是！"然后便命令那个下跪的战士起立入列。

方志敏看得出，匡龙海虽然服从了命令，但对这样的处理是不高兴的，就叫他下操后到自己住处来一趟。果然，匡龙海一进门便气冲冲地对方志敏说："要我不当干部可以，要我不打人骂人办不到！"

"为什么呢？"

"不打不骂，带不好兵！"

这回答直截了当，把方志敏也逗笑了。

"坐下坐下，有话坐下讲。"

匡龙海坐下后，方志敏微笑着说：

"你对我的处理想不通，是因为我处理得不好，我应该向你检讨。"

方志敏这一说，反倒叫匡龙海不安起来，连忙说：

"人人都夸方主席，方主席还会有什么不好？总怪我死脑筋，怎样想也想不通方主席那样处理有多大的学问。"

"我哪有大家讲的那样好？刚才的处理就有毛病，叫你难下台嘛，你说是不是？"

匡龙海笑了。

"当时，我如果把你叫到一边，好好地向你讲清道理，你就不会有这样一肚子气了。"

"方主席，你不要再这样讲了，倒是请你讲讲我究竟错在哪里？"

"好！不过我先要问问你，你觉得你那军事上的功夫，是在白军里头被长官打骂出来的吗？"

"是这样。人就是有点儿贱，不打不骂不成才！"

"那么，你在家做田的功夫也是被你爹妈打骂出来的？"

"那倒不是。种田的不学会种田的功夫，吃什么？还用得着打骂！"

"听听，怎么又不'贱'啦？"

匡龙海愣了，接着就不好意思地笑了起来。方志敏因势利导地点明：穷人要吃饭就要革命，要革命当红军就要学好打仗的本领，这是很自然的事，用不着打骂；而白军是豪绅地主们压迫穷人的军队，穷人被抓去当兵，不愿下力气用功夫也是很自然的事，当官的只有靠打骂来维持。这就是"红军带兵靠觉悟""白军带兵靠打骂"的来由。接着，他又问道：

"匡龙海同志，你也是穷苦出身，你想想看，是不是这个道理？"

"方主席，我做错了，让我回去向那个战士赔礼，向全连做检讨。"

果然，匡龙海回去后向全连表示：今后决不骂人打人，请求全连战士监督。这样一来，推动了各连都在整顿纪律的同时，开展了废除军阀作风的活动，建立士兵委员会，大大密切了官兵关系。

历时两个月的整军，使红军独立团面貌一新，士气大振。

1930年4月起，方志敏带领独立团一连打了10个胜仗。这一连串的胜利，不仅巩固和扩大了信江8县苏区，而且用枪杆子协助早先派到乐平东南乡开展工作的杨立治、邬顶山等同志，使他们迅速地建立起乐平县苏维埃，形成了向赣北、皖南发展的稳固基地。

二十六、妙计得"瓷都"

1930年6月，信江特委根据方志敏的提议，开会研究部署下一步工作。这时，蒋、冯、阎军阀混战爆发，客观上减轻了对革命根据地的压力。会上，大家一致认为，必须抓紧军阀混战这个大好时机，迅速发展苏区。但从去年年底中共江西省委遭敌破坏后，特委与上级党组织失去联系已经半年多了，现在对党的总任务不够明确，究竟如何行动，有些难于决策。不过，方志敏觉得不管怎样，不能坐失良机，可采取边做边请示的办法。于是，会议决定：一、由特委书记唐在刚去上海向党中央汇报并请示工作；二、在未得到中央指示之前，独立团乘胜出击景德镇，开辟浮梁、乐平、婺源以至浙江开化这个三角地区，在乐安江、昌江流域建立新的革命根据地，并整军扩编，准备夺取更大的胜利。

景德镇，是中国的"瓷都"，这里仅瓷业工人就有两三万。因此，攻打景德镇，政治影响大，军事上可以造成向安徽发展之势，经济上也能大大有助于解决苏区的给养困难。正因为这样，特委要唐在刚趁取道九江去上海、途经景德镇之便，带领余金德、王永兴两同志去与浮梁地下党组织取得联系，一方面侦察敌情，一方面力争"里应外合"。余金德曾在景德镇工作过多年，组织过两次瓷业工人大罢工，他到了景德镇，立即与地下党取得了联系。

二十多天后，浮梁地下党组织即派代表到弋阳芳家墩向方志敏汇报情况。方志敏一见，竟是老熟人，不禁高兴地叫起来：

"哈，是马步英！一过几年，还认识我吗？"

"怎能不认识呢？8年前，在南昌大江报馆一起生活多日，印象太深啰!"

　　这话确实不错。8年前,方志敏从上海回到南昌开辟工作,开始曾在《大江报》报社楼上落脚,与马步英一起生活过一段时间。马步英当时是个渴求新知识的爱国青年,在与方志敏的交往中,受到不少教益,所以印象很深。

　　马步英向方志敏详细介绍了景德镇的情况:"景德镇有两个保安队,第一队住在市区'湖北书院',第二队住在浮梁县政府,两队共有长短枪200多支。另外,警察总局下设两个分局,也各有枪40多支,再加上地方法院的十几支枪,全镇总计有400多支枪。"

　　方志敏边听边在地图上作标记,并不时插话详问。

　　"敌人都过着腐化的生活。尤其是星期日夜里,是敌人花天酒地的'开斋日',衙门除了留几个站岗看门的以外,几乎都混迹赌场、烟馆和妓院,甚至通宵不回营房;第二天,也都要睡到中午前后才起床。这几乎是敌人固有的规律。"

　　方志敏听到这里,若有所思地"哦"了一声。

　　"景德镇的里村党组织,已组织工人群众做好了起义的准备,等待红军前去;另外,我们还侦察到了一条小路,可秘密地接近景德镇。"

　　"好!"方志敏听到这里,两眼发亮,随即站了起来,对马步英说:

　　"步英同志,你提供的情况,对我们这次军事行动非常有用。"

　　这样重大的军事行动,方志敏决定召开军委会会议进行认真的研究,马步英也被邀请参加。会议开得很热烈,在各种设想都经过研究比较、反复权衡之后,方志敏说:"景德镇,远离根据地,长途奔袭,以速战速决为宜。敌人有400多支枪,兵力不在我们之下,要速战速决,就要力避强攻,以智取为上。攻击时间,若选星期日,街上行人众多,有诸多不便之处。根据步英同志介绍的敌人生活规律,星期一拂晓攻击,恰到好处。"

　　7月5日清晨,红军独立团1000多人集结在芳家墩村的草坪上,方志敏作了战前的动员后,就急速向景德镇方向进发。部队抄小路过乐平,经洺口,一举消灭许英保安团,缴枪30余支。次日赶到乐平和德兴交界的段家村，过了段家村，便是白区。部队即换装改用白军番号，并按计划由白军起义的龙志光率外省籍战士编成的先头部队在前面开路。可是，某些战士忘了将草鞋上的红绒绳扯掉，这一细小的疏忽露出破绽，被段家村一个反动地主察觉。这个家伙立即写了一封密信，飞速地抄近路送往国民党浮梁县政府，信上说："今日段家村发现一支来路不明的队伍。"

大雨倾盆。部队吃过晚饭后由安徽边界南下，向100里外的景德镇进发。山路崎岖，坑坑洼洼，一片泥泞，行军十分艰难。方志敏一身湿透，两脚泥浆，精神抖擞地走在队伍中间。队伍像箭一般地在雨中飞奔，穿山岭，过溪流，终于在7日拂晓前赶到离景德镇5里路的里村。里村的党组织早已做好策应的准备，当部队按计划分5路同时向景德镇的各个据点展开包围时，每路都有向导带领。

部队进入景德镇市区时，街上静悄悄的，毫无动静。

龙志光率先头部队冲进浮梁县政府大门了，敌人还客气地问道：

"你们是哪个部队的？"

"许英团！"

"哦——"一声未了，龙志光身后的战士早已蜂拥而上，将哨兵解除武装。当红军战士毫无阻拦地冲进敌人营房时，一个个老爷官、老爷兵还睡得正香。

为何敌人如此毫无戒备呢？反动地主的告密信难道没有送到县政府？原来此信还在传达室里睡大觉呢！星期日，国民党县长和警察局长照例不办公，门房把信送给谁？红军这才发现自己那个细小的疏忽，所幸奔袭的日子选得好，才没有铸成大错。

红军就这样不费一枪一弹地拿下了浮梁县政府，其他敌据点也是如此，这次奔袭景德镇共缴获长短枪400余支。

攻占景德镇后，方志敏和红军独立团团部驻在麻石弄总商会，昼夜开会。红军中的政治工作人员通过张贴布告、标语和集会演说，使镇上的广大民众对共产党、苏维埃和红军有了新的认识，数日内，有2000多名瓷业工人和赤贫群众报名参加红军。方志敏还实行统战政策，与景德镇总商会会长陈仲熙等交上了朋友，通过陈仲熙做工作，商人自动以 "支援红军" 名义捐款，加上没收的浮财，红军在景德镇筹款达数百万元，极大地充裕了苏区财政，为打破国民党当局的经济封锁创造了条件。方志敏当时曾对人笑谈："我们的发展，靠了景德镇，要枪有枪，要人有人，要物资有物资，是苏区的万有仓库。"他事后总结道："在三个月内，独立团发展实力三倍以上，占领了好几个城市，苏区纵横五百余里，人口有一百余万。"

这一仗的胜利，使根据地扩大到赣北一大片区域。

正在这时，唐在刚从中央回来了，他带来了人们盼望已久的中央指示。

二十七、军事行动要相机行事

1930年7月10日，信江、赣东北两特委联席会议在景德镇市郊的里村召开了。会上，唐在刚传达了中央指示，这就是李立三起草的关于《新的革命高潮与一省或几省首先胜利》的报告内容。中央要求赣东北红军立刻去执行攻打九江的任务，说是哪怕 "丢了信江根据地，也要西越鄱阳湖，饮马长江水，去配合全国革命高潮"。

方志敏一听愣住了。赣东北红军原来计划北进，攻打敌人力量比较薄弱的皖赣、浙赣边区，而按照中央指示，现在却要改变北进计划，西攻敌人重兵据守的重镇九江，从红军当时的实力来看，显然没有取胜的可能。再说，景德镇西向就是鄱阳湖，红军没有水运船队，要越湖进攻九江，根本不可能。

方志敏对这样的中央指示不免有些怀疑。为了让特委领导干部多有一点儿考虑的时间，同时也为了让部队有一个休整的机会，他主张先将部队开回苏区根据地整训，然后再考虑出击。他的这一主张在特委联席会议召开之前，曾征得一些同志的赞同。可是，特委书记唐在刚当时比较倾向于立刻执行攻打九江的指示。会前，他根据省委指示，就将信江特委改组为赣东北特委，增加了肖韶、胡庭铨、李杰三等特委委员，又将邵式平调去中央受训，这样，在特委联席会上，方志敏便居于少数地位，会议并未展开充分讨论，就通过了关于红军独立团向九江、湖口发展的决议。

方志敏一向遵守党的纪律，服从多数通过的决议，但是，他还是申述了自己的意见，向特委会议提出两点建议：一、红军应先行整训。向九江开进要相机行事，不能硬拼；二、写个详细书面报告，陈述我们的理由，希望中央改变决定。这个报告，就由去中央受训的邵式平随身带去。对这两点建议，唐在刚也没有意见。

在此期间，红军独立团一边整训，一边打仗，方志敏亲率红军攻克弋阳县城，镇压了逃亡的恶霸地主100多人，保卫了弋阳的红色政权。

7月21日，经中央军委批准，将红军独立团扩编为红十军，方志敏在乐平县界首村主持建军大会，周建屏任军长。方志敏交接了军委会工作，便着手赣东北特区第一次工农兵代表大会的筹备工作。

方志敏主持任军委会的工作，历时5个月，取得了巨大的军事上的胜利，发展了苏区，更为苏区奠定了经济上的基础。

由于方志敏对"左"倾冒险错误的坚决抵制，这次地方党与红军的联席会议无果而终。当天晚上，方志敏等率领红军独立团，带着大批缴获的各类物资撤出景德镇，返回信江苏区的中心弋阳芳家墩。

8月1日，方志敏在弋阳芳家墩主持召开赣东北特区第一次工农兵代表大会，成立赣东北革命委员会，方志敏任革命委员会主席，并创办机关报《工农报》。赣东北革命委员会的成立，标志着革命根据地由信江时期进入赣东北时期。

9月初，邵式平从中央赶回来了，他是带着中央指示回来的。方志敏怀着不安的心情迎接邵式平，见面就问：书面报告有什么结果？

"中央的指示不能改变！"邵式平无可奈何地摇头说。上次，唐在刚带回的，还不过是李立三的口头指示，这次带回的却是6月11日中央政治局会议通过的《新的革命高潮与一省或几省首先胜利》的正式决议，以及中央关于赣东北红十军进攻九江的正式命令。

赣东北特委再次召开会议讨论中央决议，方志敏还是表示不同意攻打九江，并提出自己向北发展的意见，但立刻就被否决了。会议决定，由周建屏率领扩编到3个旅的红十军3万人，立即分三路向九江进发。

当时，周建屏也感到进攻九江，心中毫无把握，所以临行前来征求方志敏的意见："志敏同志，你看这次行动应该怎样办好？"

"特委的决议，是要执行的。不过，我曾向特委建议，军事行动要相机行事，你可按这个精神办。"方志敏忧心忡忡地说，说完就紧紧地握住周建屏的手。

周建屏，自从1929年年初被派来担任独立团长，至今已一年多时间了，一年多来，在方志敏直接领导下，大大小小打了许多仗，熟知方志敏"出敌不意，攻敌不备……"的一套战法。所以方志敏一说"相机行事"，他便心领神会，于是紧紧地握住方志敏的手说：

"请志敏同志放心，我会相机行事的。"

周建屏率部队出发了。9月7日，由乐平二进景德镇，消灭江西省保安旅两个团后占领该镇，成立了景德镇临时苏维埃政府；再攻取鄱阳，成立了鄱阳县革命委员会，这样，就紧靠鄱阳湖了。但他们没有越湖攻九江，而是"相机"向北发展，先打下彭泽，旋又退出，转攻安徽秋浦、东流；再调转头来攻打湖口。湖口是鄱阳湖水入长江的口子，打下湖口，便隔湖西望九江市了。打湖口，击溃了鲁涤平的一个警卫团，宋子文的两个缉私营和都（昌）、湖（口）、鄱（阳）、彭（泽）4县保安队3000多人，缴获了5挺机关枪、500多支步枪。但与此同时，红十军也有不小的伤亡。周建屏估量形势后，经和政委邵式平商量，即"相机"地回师景德镇休整，没有贸然越湖西攻九江。

在红十军出发后，9月9日至15日，赣东北特委扩大会议在万年县富林村召开，进一步贯彻立三路线，取消党、团、工会组织，合并成立赣东北行动委员会，唐在刚任行委书记，方志敏等10人为执行委员，方志敏被排挤出行委常委之外，任候补常委委员。

10月7日，江西省苏维埃政府在吉安成立，曾山任主席，毛泽东、朱德、方志敏等13人被推举为省苏维埃政府常委。方志敏没有离开赣东北去履职。

10月16日，方志敏主持筹建的赣东北特区贫民银行在弋阳县芳家墩创立。5个月后，贫民银行更名为苏维埃银行，并随着根据地的扩大而发展。它通过聚集调剂资金，发放低利息贷款，帮助创办工业和农业生产，支持内外贸易，活跃市场，为打破敌人的经济封锁，巩固苏维埃政权，改善群众生活，发挥了积极作用。

10月下旬，方志敏主持制定《临时消费合作社组织条例大纲》，并发布《江西省东北革命委员会经济委员会布告》，号召根据地群众普遍组织消费合作社，每人出1块银元为股金，便可办入社证而成为社员。入社可以享有种种的利益：第一，可以买消费合作社的东西；第二，可以买到便宜的东西；第三，待年终，有红利分配。消费合作社系由群众自愿集资合股与苏维埃政府帮助相结合的集体经济组织，实行股份制，它使苏区群众的物资供给有了改善，增加了收入。

正在这时，党中央特派员涂振农来到赣东北，传达党的六届三中全会精神。六届三中全会批评了李立三过高地估计革命形势，不重视建立巩固的根据地等"左"倾错误，停止了组织全国总暴动和集中全国红军进攻中心城市的冒险行动，结束了李立三"左"倾冒险错误对中共中央的领导。

10月28日，赣东北行委在乐平县湾头李家村召开会议，决定停止执行立三路线。1931年3月，方志敏任赣东北苏维埃政府主席，周建屏任红十军军长。方志敏下令红十军即刻返回赣东北苏区，以对付蒋介石发动的第一次反革命"围剿"。

二十八、出师闽北每战皆胜

1931年1月，粉碎敌人第一次对中央根据地的"围剿"之后，红十军得到很大的发展，装备也有明显改善，不仅人手一枪，而且有十几挺机关枪，还有了迫击炮，军队素质也有提高；同时地方武装也相应地发展壮大。因此，完全可以对付敌人4月发动的第二次"围剿"，并将它粉碎。

可是，新任红十军政委涂振农，面对强敌，慌了手脚，一点儿办法拿不出来，还制造出一种"奇谈怪论"，说什么"要巩固赣东北苏区，首先就要巩固中央苏区，中央苏区巩固了，赣东北苏区就自然会巩固起来"，因此，他认为"红十军不应该再在赣东北苏区作战，应该就拖到中央苏区去"。方志敏认为："他们这样的理论，当然仅是一种表面的诡词，实际上确是对敌人'围剿'动摇恐慌，认为无力战胜敌人，因而想一跑了事！这明明显显是十足的逃跑主义，不克服这种逃跑主义，红十军是不能胜利的，赣东北苏区是不能巩固的。""我们当时是认识了他们错误的危险性，与他们做了坚决的斗争，并用政府的命令，制止了他们的逃跑思想。"逃跑主义者对敌人的"围剿"是大仗不敢打，小仗不愿打，结果一仗也不打，眼睁睁地看着敌人烧杀抢掠，横冲直撞，苏区的土地一天天被占领。

方志敏等人心急如焚，建议召开特委会，挽救危局。在3月下旬举行的特委会议上批判了涂振农的逃跑主义思想，决定由方志敏接替涂振农，代理红十军政委，并得到中央批准。

特委会议之后，方志敏立即和邵式平、周建屏率领红十军向贵溪方向行动，用包围、设伏、奔袭战术，在丁家坊、苟里源、鹤岭，三日三仗，三仗全胜，将"步步为营"、蚕食赣东北苏区的戴岳旅打得狼狈逃窜，使贵溪、余江、万年苏区稳定下来，由此一扫涂振农逃跑主张给部队造成的沉闷气氛，并取得第二次反"围剿"的初步胜利。

正在这时，闽北告急！

闽北根据地和赣东北特区，在未合并之前就并肩战斗，联系密切，方志敏先后派了不少得力干部去协助工作。1930年8月，闽北党的负责人陈耿去上海参加会议，闽北工作受到影响，独立团团长潘骥又在敌人的"围剿"中不幸牺牲，部队被围困在崇安山区的几个小村庄里，少弹缺粮，处境十分险恶。闽北军委会主席邹琦派人来赣东北求援。方志敏、邵式平、周建屏立即召开军委会议作出决定，南下福建，急解闽北之围。这个决定也得到特委书记唐在刚的同意。

红军出征闽北，敌人重兵压境，赣东北处境也十分困难。但方志敏从全局考虑，觉得一则不管怎样，赣东北比闽北的日子好过一些；二则敌人正寻找红十军决战，暂避其锋，疲惫敌人，可能更有利于日后再寻找战机，歼灭敌人。因此他同意邵式平、黄道等人的提议，由他们留下来组织各县区武装和赤卫队，积极开展游击战争，以应对敌人对赣东北的进攻。

4月27日，方志敏和周建屏率领红十军向闽北急速进发了。

为了迷惑敌人，在红十军出发之后，邵式平率领赤色警卫师向赣浙边境出击，攻克了地处开化和常山之间的华埠镇，歼灭敌浙江保安师一个营，吸引了敌人的一部分注意力，有利于红十军向闽北进军。

方志敏率领红十军过上饶，渡信江，打下石塘街，就进入山高路险的武夷山区，由桐木关进入福建。

桐木关，左右两山入云端，红十军从两山中间的峡谷穿过，只能一路纵队行军，速度比较慢。

"向前传令，加快速度。"方志敏、周建屏连连急切地催促着。

正当夏令时，闽北山区气候闷热，加上路险人众，许多战士水土不服发疟疾，只得在浑身发冷发热中带病行军。他们的装备行李还得由没病的战士分担，致使整个部队步履艰难，行动迟缓。

有一次，一个战士病倒在路旁，方志敏看见了，连忙赶上去探问；见他病得不轻，就回头叫警卫员把自己骑的白马牵过来。那战士心里明白，但他浑身发抖，话讲不清楚，急得又摇头又摆手，表示不要骑马。方志敏说："同志，不要紧，骑上去吧！"一边说着，一边就把他扶上了马。方志敏为了照顾战士，宁可自己步行。

傍晚宿营，方志敏到连队检查行军情况，真巧，一下碰到了那个生病的战士。这时，他的疟疾已经发作过了，又显得活蹦乱跳。

"哟，是你！还不晓得你叫什么名字呢？"方志敏见他的病好一些了，高兴地问道。

"报告方主席，我是八十三团二营四连战士，名叫陈天佑！"

　　“没事啦？”

　　“发皮寒，冷过热过，就没事啦！”

　　“不要大意，要吃药。”

　　“是，方主席。”陈天佑说罢，灵机一动，又提出要求，“请你给连长讲讲，让我参加敢死队！”

　　“好啊！不过，总不能都参加敢死队是不是？参加不到，莫要有意见。”

　　方志敏来到四连连部，真的把陈天佑的要求向连长、指导员说了。指导员说：“陈天佑的决心可大啦！方主席让马，他很受感动，全连也都受感动，一个个都表示，行军不掉队，打仗要当敢死队！”方志敏当即表扬他们工作做得好，但指出：“红军官兵平等是应该的，如果把我让马的事讲过了头，就显得我是个特殊人物了，以后一定要注意！”

　　尽管方志敏这样讲，他让马的事，还是被当作宣传材料在部队讲开了，战士们很受教育，骑马的指挥员纷纷把马让给病号骑。官兵一心，团结互助，部队的士气很旺盛，行军速度大大加快了。4月底，部队按时出桐木关，登温林关，乘势收复了闽北分区委机关驻地车盘村和坑口村，4月30日赶到了长涧源，打响了入闽作战第一仗。

　　长涧源，是崇安县通往江西的要道。这一带已经建立苏维埃政权，一直是敌人“清剿”的重点。第二次反“围剿”一开始，福建军阀卢兴邦就派兵占领这一带，成为敌人插进闽北根据地的一把尖刀。红十军一战而胜，夺回长涧源，声威大震。5月初，又扫除了崇安县黄柏、谷前一带的白军和靖卫团，乘胜前进，兵临闽北重镇赤石街。

　　赤石街离崇安县二十来里，一面临河，其他三面敌人修了一道两丈多高的围墙，建了8个碉堡。守敌为福建省海军陆战队的林秉周旅。方志敏和周建屏经过周密组织，于凌晨3点突然发起攻击，一鼓作气将守敌全部消灭。赤石街是福建著名的岩茶产地，这时正值春茶上市，豪商大贾云集，红军一次缴获银元20多万元，黄金2000多两。

　　方志敏率领红十军一进闽北，连打十一仗，每战皆捷。闽北根据地得到全部收复，并奠定了发展的基础。于是，方志敏决定立即回师。临走前，他将缴获的枪支、弹药全部留给闽北独立团，并留下一个特务营作为独立团的骨干，任命黄立贵为闽北独立团团长。

红十军满载归来，受到根据地人民的热烈欢迎，部队情绪更加高昂，斗志更加旺盛。5月17日在横峰何家坝，伏击进犯白军一个团，获全胜。接着，趁敌立足未稳，红十军又出击进驻芳家墩的白军，歼敌一营，胜利粉碎了敌人的第二次"围剿"。

二十九、被排挤出领导核心

方志敏率部于1931年5月13日返抵赣东北首府葛源。这时他才知道赣东北特委内部有了重要的变化。在他入闽作战期间，党中央派来万永诚、倪宝树，不等方志敏出征归来，于5月2日召开了特委扩大会议。会上，万永诚作了政治报告，传达党的六届四中全会内容，贯彻王明路线，指出赣东北党组织还有"立三路线"的影响，必须彻底转变；又批评赣东北党组织是"右倾保守主义""封建地方观念""富农路线""调和主义"。会后，特委实行了部分改组，由中央指定的万永诚担任书记，倪宝树任红十军政委，黄道仍为组织部长，涂振农为宣传部长，方志敏仍为苏维埃主席，邵式平为军委会主席。

方志敏听到这位新任书记带火药味的批评，不禁叹了一口气，他问邵式平：

"他们给赣东北扣上这么多顶帽子，你看有根据吗？"

"没根据！"

"根本没根据！"方志敏把"根本"两个字讲得很重，"赣东北党在广大农民斗争基础上创建了根据地、工农红军和苏维埃政权。如果是右倾保守主义、封建地主观念等，路线都错了，则无法解释这些事实。"接着，他又问邵式平，"对特委改组有什么反应？"

"对撤换唐在刚同志有意见。"

"是啊！在刚同志是富有进取精神的。他来到这里，常常背个药箱，扮成外科医生，活动在景德镇、浮梁、乐平、婺源这些边缘地区做开辟工作，为发展苏区做了许多工作。他担任特委书记期间，我们之间的工作基本上是合拍的。他执行"立三路线"是卖力的，但改得很快，也很坚决，没有造成严重的损失。就这样把他的职撤了，未必是正确的。"

"这有什么办法呢？他们似乎带有'上方宝剑'！"

"不要这样说，他们是代表中央来的。"

5月16日，方志敏向倪宝树交接了红十军政委的工作，重新担任特区苏维埃政府主席。

方志敏一向胸怀坦荡，既坚持原则，又顾全大局，尽管对中央的决定有不同意见，仍然一心扑在工作上，一手抓法制，一手抓财经。他主持制定了《赣东北特区苏维埃暂行刑律》，并于5月19日以"布告"形式向全区群众公布，这对打击反革命、巩固革命秩序起了重要作用。同时，他把闽北作战所缴获的黄金、白银统统移交"赣东北贫民银行"，作为准备金，批准发行赣东北苏维埃货币，还发放贷款，活跃了农村经济。他领导全区农村掀起了夏收夏种夺取1931年农业大丰收的热潮，以改善民众生活和支援战争。

此时，红一方面军在毛泽东、朱德指挥下，粉碎了国民党对中央革命根据地的第二次"围剿"。

1931年7月，蒋介石又发动了对中央革命根据地的第三次"围剿"，调集30万兵力采取步步为营的堡垒推进政策，从南北两面向中央苏区发动进攻。而就在这危急时刻，王明"左"倾冒险主义控制的党中央又派来了中央代表曾洪易，在赣东北推行王明的错误路线。

大敌当前，曾洪易作为中央代表，本应会同特委领导同志讨论决定如何粉碎敌人的第三次"围剿"，但他一不懂军事，二不懂根据地建设，到来伊始就指手画脚否定一切。当时，由于敌军五十五师的进攻，苏区首府葛源赣东北的党政军机关一度暂时转移。他竟把这斥之为"右倾逃跑主义"，并扬言要给赣东北以"百分之百的布尔什维克"的"彻底转变"。

曾洪易来到葛源的第三天，就从组织入手，对特委实行大换班。同他一道新来赣东北的几个人都被委以重任，聂洪钧任组织部长，关英任团委书记；新来的杜石公担任了红十军的参谋长，吕振球任政治部主任；又在特委常委内组织了一个以万永诚、聂洪钧、唐在刚为成员的三人主席团，再加上他这个凌驾在特委组织之上、有决定一切权力的中央代表，这样，整个特委的领导就完全掌握在他的手里了，为他们全面推行王明错误路线做好了组织准备。

7月22日，曾洪易主持的特委会强行通过了一个《赣东北特委关于目前政治形势与党的任务决议案》。这个文件采取断章取义、偷梁换柱的手法，从土地革命、党的组织、军事战略战术等各方面，全盘否定赣东北的工作成就，提出"要切实执行国际路线的彻底转变"，为在赣东北全面推行王明"左"倾冒险主义做好了政治准备。

8月22日，他又主持特委会通过《赣东北反富斗争决议案》，将莫须有的所谓"富农路线"的帽子强加给赣东北苏区。

曾洪易在组织上、政治上进行了上述一系列的准备工作之后，就在9月1日，主持召开了赣东北第一次党员代表大会，由他向大会作了政治报告。这次党代表大会决定正式成立赣东北省委，由万永诚任书记。曾洪易仍以中央全权代表的身份驾临于省委之上。方志敏、邵式平、黄道虽然当选为省委委员，但都被排挤出赣东北党和红军的领导核心；随后，黄道被调出省委，任闽北特委书记。

曾洪易一意孤行，给赣东北苏区带来了灾难性的后果。

三十、赣东北苏区乌云翻滚

赣东北第一次党代会之后，第三次"围剿"和反"围剿"的斗争已进入白热化阶段，敌人对赣东北苏区的南北合围之势已经形成。方志敏深感这次党代会"没有抓紧最中心的红军问题，如扩大红军，改善红军中的政治工作，领导红军争取战争的胜利，都没有特别有力的决议"，这不能不是一个"最大的缺点"。

大敌当前，方志敏怎能坐视不管。于是他就去找实际上是挂名的军委会主席邵式平，一起去向曾洪易建议，要采取强有力的军事措施，以对付强敌的进攻。但是采取怎样的措施，双方在指导方针上又发生了严重的分歧。曾洪易、万永诚等在打通中央苏区的口号下，提出向贵溪、余江、金溪、资溪一线的西南方向发展，并采取"持久的围困堡垒"的战略方针，还强调说："中央苏区在西南，就必须向西南发展，只有粉碎敌人的堡垒政策，才能消灭敌人。"他们完全不顾实际情况，当时敌人为防止红十军由西南打通与中央苏区的联系，已经在金、资、贵、余一带遍设堡垒，步步为营，红军是很难跨越过去的。

方志敏、邵式平则主张向皖浙边界发展，那里不仅敌人力量薄弱，而且多山，有回旋余地；少打堡垒，多占地方，以游击战术主动打击敌人；用巩固扩大根据地的办法，从闽北方面打通与中央苏区的联系，即首先赤化皖浙赣边区，再经仙霞岭打通闽北，进而打通中央苏区。毫无疑问，这才是符合客观实际的。

争论相持不下。曾洪易毫无道理地指责方志敏、邵式平的主张是"反对打通中央苏区，在敌堡垒政策面前退却逃跑的右倾机会主义"。随即采取组织措施，撤销邵式平的军委会主席职务，由唐在刚接替；同时宣布，方志敏今后不能以苏维埃主席的名义擅自调动军队，红军是党的，由党指挥，实际上，就是要由他曾洪易一个人指挥。

至此，在敌人进攻面前，方志敏、邵式平完全处于无能为力的地位，以后红军就按照曾洪易的一套办法，敌人堡垒筑到哪里，红军就开到那里去打。红十军的干部战士表现出英勇顽强的战斗精神，他们在敌人堡垒前血流遍地，光是攻打贵溪夏家岭的一个堡垒，就连续组织了4次进攻，伤亡一千几百人。贵溪县委书记、当年首举义旗的楼底蓝家农民领袖花春山，就牺牲在这里；八十三团团长、当年率白军一个连起义的龙志光，也牺牲在这里。红十军遭到前所未有的灾难性损失。

在曾洪易"左"倾错误思想的指导下，赣东北苏区未能粉碎敌人的第三次"围剿"，也未能打通与中央根据地的联系，只是因中央主力红军和其他根据地红军的胜利，进攻赣东北的敌人才被迫撤出。这时，赣东北苏区只剩下一个横峰县城和弋阳、贵溪、上饶、德兴、乐平、铅山等县境内纵横300余里的地盘。白军撤出后，方志敏的心情十分沉重，但他立刻又投入紧张的工作，以收拾残局，扩展根据地，恢复苏维埃政权。

1931年11月，中华苏维埃第一次全国代表大会在江西瑞金召开，方志敏当选为中华苏维埃共和国临时中央政府执行委员、主席团委员。

1931年11月7日至14日，方志敏主持召开了赣东北省第一次工农兵代表大会，会上，将赣东北特区苏维埃政府升格为赣东北省苏维埃政府，选举产生了省苏维埃执行委员会和由8人组成的执行委员会主席团，方志敏当选为主席，并兼任财政部长，《工农报》成为赣东北省苏维埃政府机关报。他领导苏区人民坚决实行开源节流、发展生产的方针，赣东北又开始出现新的转机。

可是，曾洪易并不服输，又打出贯彻"国际路线"的旗号，反对"富农路线"，大搞清查阶级，清洗党员和干部；同时修改了土地法，实行"消灭富农，打击中农，团结贫农"的极"左"政策，无条件地收回地主、富农分得的土地，驱逐地主、富农出境，把这叫做"减轻苏维埃负担，增加国民党的负担"，这就严重地破坏了当时的农村统一战线，增加了国民党反动派进攻苏区的力量。对此，方志敏虽然作了抵制，但直到最后也未能得到彻底的解决。

尤其不幸的是，不久，又一场灾难降临到赣东北苏区，这就是曾洪易极力推行王明"左"倾冒险主义错误路线，大搞肃反扩大化，给这里的广大干部和他们的亲属带来极为深重的创痛。

1932年3月间，曾洪易把肃反运动当做一项中心工作，在赣东北苏区全面铺开。一时间整个赣东北苏区乌云翻滚。曾洪易手握生杀大权，将那些同他持不同意见的同志，一律加上"改组派""第三党""AB团"等种种莫须有的罪名,把他们定为"反革命",从而逮捕杀害了许多赤胆忠心为革命的好同志。

王明路线所制造的肃反扩大化错误,在闽浙赣苏区持续到1934年尚未完全停止。苏区人民悲愤地说:曾洪易是"吃共产党的饭,干国民党的事。敌人办不到的,曾洪易却替敌人办到了"。

方志敏只能在事后痛苦地检讨:"赣东北和闽北的肃反工作,是有错误的,无形中使革命受了不少损失。应该用布尔塞维克的自我批评,来揭发过去肃反工作的错误,以作今后的教训。"

三十一、这就叫声东击西

敌人的第三次"围剿"在赣东北未能被粉碎,曾洪易自称"百分之百正确"的战略,在敌人的进攻堡垒面前碰了壁。

1932年秋,蒋介石又集中19个师40万的兵力对中央苏区发动第四次军事"围剿",其中以8个师、36个团的兵力进攻赣东北,使用兵力之多,装备之精,都是前所未有的。

曾洪易这次仍不接受教训,依然采取硬拼战术,让红十军四面应战。结果,从7月到9月的两个月时间,红军节节败退,伤亡惨重,赣东北革命根据地又面临倾覆的危机。

方志敏和邵式平又去找曾洪易商量办法,结果又是一场争论,闹得双方都提高了嗓门,互相拍桌子。曾洪易再也无法压制和他不同的意见,其他同志闻声也一齐赶来相劝。军委主席唐在刚劝曾洪易说:"我和志敏、式平同志共事多年,他俩对打仗积累了丰富的经验,应该听一听他俩提出的意见。"和曾洪易一同来赣东北工作、时任红十军政委的聂洪钧也说:"再这样打下去是不行了,方志敏和邵式平同志的意见值得考虑。"曾洪易这才勉强同意召开省委会议"统一认识"。会上,大家一致同意,方志敏重任红十军政委,组织反击第四次"围剿"。

正在这时，接到中央通知，命令红十军二进闽北，扩大闽北苏区，使之和赣东北苏区联成一片，进而打通与中央苏区的联系，为开展第四次反"围剿"斗争建立巩固的根据地。这一重大的军事行动的领导职责自然落在方志敏的肩上。

1932年9月10日，红十军由横峰渡过信江，于12月到达武夷山北麓的紫溪镇。13日，方志敏在紫溪会同闽北特委书记黄道，闽北独立团团长黄立贵、团政委薛子正等，召开团以上干部会议，研究制定了作战计划。

第一步，以红军大部攻赤石街，另派一小部配合闽北独立师同日去攻星村街，把这两个村镇占领起来，就可以将崇安县苏区连成一片；第二步，红十军与独立师去进攻浦城，一面开辟浦城方面的苏区，同时争取一批给养；第三步，红军自浦城开回后，即在铅山方面行动一个时期，以完成打通两个苏区的任务。

作战计划确定后，即开始行动。9月15日兵分两路，同时攻占闽北的赤石街和星村街，消灭福建刘和鼎部的一个团和另一个营；在赤石街首次缴获无线电台一部，从此可以直接与中央联系了。20日强攻浦城，一攻而下，全歼守敌两个团，又缴获了一部无线电台。23日，回归赣东北，在武夷山区又歼敌一个团。接着，在车盘岭一带与敌七十九师王锦文部激战3天，击溃敌军3个团，打破了敌人以重兵拦截红军归路的军事企图。10月2日，部队回到中心苏区，基本上完成了预定的作战计划。

二进闽北，取得了很大胜利。在22天的转战中，消灭敌人4个团，调动敌人几个师，敌人整个部署被打乱了，在军事上取得了第四次反"围剿"第一阶段的胜利。红十军缴得各种枪支1600多支，电台2部，还有大批军用物资；就地筹款50万元，黄金1000余两，采购到大批食盐、医药等，打破了敌人的经济封锁；同时，使闽北苏区扩展到浦城、建阳、建瓯、松溪、政和、邵武、光泽一带，成为联结中央苏区和赣东北苏区的桥梁，这就为粉碎敌人的第四次"围剿"创造了有利条件，一扫第三次反"围剿"以来那种连连失败的被动局面。红十军的战士们一个个身穿刚缴获的新军装，精神抖擞地和群众一起集合在葛源镇广场上开庆祝大会。

方志敏在庆祝大会的讲话中，着重总结了攻打浦城的经验。他说："现在，我来讲一讲打浦城的事。红军先打崇安，本来很顺利，为什么忽然不打了，要把部队开走呢？"

这件事，确实有许多同志还没有弄明白。当时，打下赤石街和星村街之后，就分出一部分队伍去攻崇安城。攻了一天一夜，眼看可以攻下了，方志敏和周建屏却突然命令队伍撤离，掉转方向，闷头赶路，转而攻打浦城，弄得大家莫名其妙。原来攻崇安是假，打浦城是真。浦城有敌人的电台，是敌人的一个中心。打下这个中心，对巩固发展闽北根据地、赤化闽浙边界有重要意义。红军佯攻崇安，调动了四处敌人纷纷赶来救援，连浦城的敌人都赶去了。红军急速乘虚而入，一举攻下了浦城。

"这就叫声东击西！"方志敏高兴地把手一挥，霎时间，全场欢声雷动，大家纷纷鼓起掌来，只有曾洪易一个人不自在地把脸扭到一边去。

"声东击西，避实打虚，一时打不赢的不硬打，打得赢的扑上去就消灭，这就是二进闽北的经验。同志们，不要小看自己的经验，总结起来，再一仗一仗打赢它，敌人的第四次'围剿'就一定能够粉碎！"

会后，红十军即分路牵着敌六、七师忽东忽西地兜圈子，并一看准机会，就回头打它一下，弄得敌人损兵折将，毫无办法。战场上取得主动，根据地随之扩大，新打出了余干苏区，开辟了皖浙赣边界的（开）化、婺（源）、德（兴）苏区。这样，到1932年12月，中央苏维埃便决定将赣东北省改为闽浙赣省，方志敏任省苏维埃政府主席。此后，红十军继续避开正面强敌，东向浙江，北出皖南，巩固和发展皖浙赣边界苏区，并准备寻机配合中央红军，彻底粉碎敌人的第四次"围剿"。

1933年1月下旬，中革军委电令红十军南渡信江，赶赴中央苏区参加第四次反"围剿",邵式平、周建屏、方志纯等同志都随军前往。从葛源到整个闽浙赣苏区,形势又变得异常严峻起来。

三十二、一切听从中央指挥

红十军的干部和战士,绝大多数都是本乡本土的贫苦工农,故土难离,乡情难舍,骤然间要离开亲人和家乡,情绪难免有些波动。

中央的命令来得如此突然,方志敏的内心一时也难以平静。红十军是他和战友们历尽千辛万苦创建起来的,又经过多年浴血奋战,才达到今天的规模,现在突然要离开,感情难舍,自不必说;而使他更感到为难的是,如今闽浙赣和中央苏区,同时面临敌人的第四次"围剿",红十军去支援中央,闽浙赣失去了主力部队的支撑,又怎能战胜强敌呢?即使在赤色警卫军的基础上再建一个新十军,能否和强大的白军较量,也实在没有把握。他回想起以前,曾洪易曾多次提出:红十军应向铅山方面渡过信江,和白军主力打硬仗,以便向中央苏区靠拢。这次中央电调红十军,会不会是这个中央代表出的主意?按照方志敏原来的设想,红十军应该向皖南、浙西以及闽北敌人虚弱的地方发展,这也是对中央苏区反"围剿"的有力支援,为什么非得将红十军调走不可呢?中央这样指挥,究竟意图何在,他实在想不明白。

这个命令,在闽浙赣苏区的领导层中,也引起不少争议。有人认为在敌强我弱的情况下,红军过分集中,与敌人死打硬拼,对我军并非有利;也有人认为,闽浙赣根据地有很好的政治、经济和地理条件,应该大力巩固和进一步发展,决不应该让它削弱……

1933年1月,呼啸的北风,裹着鹅毛大雪,铺天盖地而来。这天夜里,窗外寒凝大地,室内一片静寂,方志敏和方志纯对坐良久,最后还是方志敏缓慢地说:

"我考虑再三,还是由你随同式平和建屏一道到中央去。"

方志纯虽然对今天的谈话早有思想准备，但听到这话仍不免愣了一下，不知说什么好。

方志敏稍作停顿后说："中央要调红十军到中央苏区，有的同志想不通，不想去，这种情绪不好。我们从入党宣誓那天起，就决心把一切都交给党了。作为共产党员，不管个人有什么想法，都应该无条件地服从中央决定。你是赣东北的老人，是领导干部，又是我的堂弟，你现在带头到中央去，对我们红十军官兵，有很大的影响。你看，是不是这样？"

"要去就去嘛，"方志纯有些沉闷地说，"没有什么可说的。"

果然，看见方志敏的老战友、军长周建屏，老同学、红十军政委邵式平，还有他的堂弟方志纯，都舍得离开亲手创建的根据地，红十军的干部和战士虽然有情绪，但也都无条件地服从，整装待发了。

1月25日，正是农历大年三十，红十军4000多人，渡过信江，前往贵溪上清镇，与中央红军会师。方志敏特地赶到鹰潭附近的信江边上，给全军战友送行。

这支4000人的钢铁队伍，这么多年一直在他身边。许多老兵，他能喊得出姓名；他们属于哪个县哪个村，在什么地方参的军，在哪次战役受过伤，在什么时候立过功，他几乎都记得清楚。他在心里呼喊着他们，难抑依依不舍的心情。送与行的双方，谁也不曾想到，这一次寒风大雪中的分手，竟会成为永别。

三十三、组建新红十军巩固闽浙赣根据地

红十军调走了，为应对闽浙赣省苏区面临的困难局面，粉碎敌人的"围剿"，保卫红色政权，方志敏建议组建新的红十军。

对此建议，唐在刚、聂洪钧、曾洪易都表示同意。这样，方志敏就立即以赤色警卫师1500余人为基础，集中各县独立团、营的部分人和枪，抽调省、县两级的90多名巡视员任连、排长，编成二十八师、

二十九师和三十师，组建了一个新的红十军。但兵员还显不足，他就派徐大妹等妇女干部深入乡村，动员妇女发动亲人参军，接着又开展了以"扩红"为中心的"春季冲锋运动"，一下子就扩军3000多人，给新十军和县独立团补充了兵员。新红十军由匡龙海代理军长，聂洪钧任政委。匡龙海熟知方志敏的战略战术，有一定的指挥作战的实际经验，这就使反"围剿"能够按照方志敏的部署和打法去进行。

到达中央苏区的红十军（改编为红十一军），首先攻克了金溪、光泽，消灭了周志群一个团，与中央红军协同作战，控制了敌人的三个师。方志敏乘此机会，于2月17日，在弋阳、贵溪地区，对新调防来的国民党军第四师和二十一师的一部发动突然袭击，随之主动跳到浙西，又一次攻克开化，并大力开展群众工作，扩大了化（开化）婺（源）德（兴）苏区。接着利用这一有利形势，协助化婺德县委，在德（兴）玉（山）边界的杨塘建立了杨塘特区，在德（兴）玉（山）化（开化）三县交界的龙头山建立了化玉特区，在婺源、坑头一带建立了婺源中心特区，这对于牵制敌人和保卫中心苏区起了重要作用。2月底，红十一军与中央红军协同作战，又开辟了闽浙赣苏区的信（江）抚（河）分区，方志敏乘势率部从化婺德突返周坊，会同贵溪独立营、游击队消灭了敌人第四师和二十一师各一部，从而粉碎了敌人的第四次"围剿"。

经过第四次反"围剿"的胜利，赣东北根据地的形势趋向稳定。这时，中央派王如痴来担任新红十军军长兼政委，又派刘畴西来任闽浙赣军区司令员，曾洪易兼任军区政治委员。这样，方志敏便腾出手来，专门抓政权建设工作。

自敌人第三次"围剿"以来，苏区被敌人践踏，大批干部又在肃反扩大化中被迫害，县、区、乡苏维埃组织受到了严重的摧残，急需整顿、重建。方志敏带着通信员张远福，深入基层，先到横峰，再到弋阳，又去乐平、景德镇、德兴，到处发动群众，选举干部，恢复组织，整顿武装，发展生产。历时半个多月，工作很有成效，这就为闽浙赣省第二次工农兵代表大会的召开创造了条件。

1933年3月18日，闽浙赣省第二次工农兵代表大会在葛源召开了。在会上，方志敏致了开幕词，作了《闽浙赣苏维埃政府工作报告》和《财经工作报告》，会议通过了《军事工作决议》《执行劳动法决议》《土地问题决议》《财经工作决议》《文化工作决议》和《大会宣言》，方志敏继续当选为省苏维埃政府主席。这次大会是对闽浙赣革命根据地政治、军事、经济、建设等各方面工作的总检阅。

以毛泽东为主席的中华苏维埃共和国临时中央政府向闽浙赣省苏二大致贺电，赞扬"闽浙赣省过去的斗争，在打击进攻苏区的敌人方面，在深入土地革命方面，在苏维埃建设方面，在白区工作方面，都有了极伟大的成绩，中央对于你们的这些成绩，是非常满意的"，并指示"大会要着重讨论扩大红军、扩大苏区的问题，要把第十、第十一军扩张成为新的军团的主力"等。

为解决根据地的军需民食，各地开展起了贮粮运动，普遍建立了贮粮合作社。

为夺取1933年粮食大丰收，苏区实行生产互助，组织生产突击队、模范队、冲锋队，开展劳动竞赛。

为巩固政权，县、区、乡也相继召开了工农兵代表大会，选举了新的领导班子，工作很有起色。

1933年3月，王明"左"倾冒险主义在党中央的追随者又在中央苏区掀起了反"罗明路线"的斗争。罗明当时任中共福建省委代理书记。他曾写信要求省委按照不同地区以及敌人力量强弱的不同情况，分别先后发展游击战争和扩大根据地。他主张扩大闽西地方武装，但不应将闽西武装调往江西。当时中央苏区临时中央局，全盘否定罗明的意见，认为罗明的意见与中央路线是相对立的，是"悲观失望""退却逃跑""取消主义"。在赣东北，作为推行王明路线的中央代表曾洪易，更是亦步亦趋。同年7月，他召开了全省党支部书记大会，发起了所谓反"罗明路线"的斗争。余江县委书记何映辉、闽浙赣军区司令员兼政委王如痴等人，被扣上"右倾机会主义""'罗明路线'的发挥者"的帽子，弄得从地方到军队，从干部到群众，大家都心神不定，人人自危。

1933年9月，蒋介石调集约100万军队对中央革命根据地发动第五次大规模"围剿"，其中以10万兵力进攻闽浙赣根据地，采取了层层筑堡、步步推进的战法。这对赣东北苏区来说，第三次"围剿"时敌人就使用过。可曾洪易根本不接受血的教训，还是用老一套办法，又命令新红十军去硬攻敌人的堡垒群。方志敏以闽浙赣安危为重，向曾洪易建议："在这样强敌进攻下，我们只有避开敌人的堡垒，向浙西、皖南猛烈发展，深入敌人腹地，才能打乱敌人的部署，粉碎这次'围剿'。我们应以第三次反'围剿'的失利为教训，再不能坚持去与敌人的堡垒死拼，否则后果将不堪设想。"

但曾洪易却蛮横地回答道："你到中央建议去，我决定不了！"硬是把方志敏的建议挡回去了。

战场上不断传来新红十军蒙受损失的消息。

1934年1月15日，中共中央在瑞金召开六届五中全会；1933年12月，中央来电要曾洪易前往出席会议。

在六届五中全会上，方志敏被增补为中央委员。

三十四、第五次反"围剿"付出重大牺牲

曾洪易走后，由方志敏任中共闽浙赣省委书记兼军区司令员。他立即召开省委会议，对曾洪易所犯的"左"倾冒险主义错误展开严肃批评，并在这个基础上统一了认识，制定了"保卫基本苏区，创造新的苏区"的战略方针，采取了一系列纠正"左"倾错误的措施：停止查田运动；停止"肃反"和所谓反"罗明路线"斗争；新红十军立即调出敌堡垒群，派匡龙海率赤色挺进队开赴皖赣边界开展游击战争；再派宁春生率挺进队前往皖南开辟工作；开办白区工作训练班，学员结业后马上派到浮梁地区和皖南方向去开辟新的根据地，并派刘毓标、陈直斋等加强皖南特委工作。根据地内部趋向稳定，工作上出

现了新的生机。在军事上，一支支地方武装，代替了红军正规部队活跃在敌堡垒群中，打而不攻，枪声不断，使敌人日夜不安；一个个地雷阵，布设在根据地的四面八方，炸得敌人血肉横飞；新红十军则忽东忽西，出没不定，一下突进皖南，一下又收回苏区，让敌人难以捉摸。于是，战局得到了控制，形势出现了转机。上饶、怀玉苏区不仅恢复了，而且扩大了三个区；化婺德、乐平、德兴、贵溪根据地，也都恢复和扩大了；皖南新根据地也在积极发展中。

1934年1月，曾经划归闽赣省领导的闽北苏区和独立师，在第五次反"围剿"开始后，因被敌隔断，又划归闽浙赣省领导。方志敏同闽北苏区领导人黄道并肩战斗，使闽北工作也有新的转机和起色。

正当方志敏积极纠正曾洪易的"左"倾错误，改变斗争方式，重整旗鼓，开始有效地打击敌人的疯狂进攻时，王明"左"倾冒险主义统治的中央却又多次来电，批评方志敏向皖南发展，是"分散保卫苏区力量的错误行动"，是"分散主义"；摆地雷阵，是"单纯的防御"，是军事上的"右倾保守主义"；为纠正曾洪易的错误所做的一切努力，几乎都成了"右倾机会主义"。同时，中央还责令方志敏，必须坚决执行六届五中全会的决议："不失苏区一寸土地"，"以赤色堡垒反对白色堡垒"，要继续强调"反对主要危险的右倾机会主义，和反对对右倾机会主义的调和态度"。

这样，方志敏只好去领导修筑"赤色"堡垒并将新红十军从皖南调回来。这时，新红十军军长已经由王如痴换成刘畴西。为了执行"中央指示"，"不失苏区一寸土地"，新红十军被调往敌人的主攻方向，军民大筑"赤色"堡垒，以对付国民党军的"白色"堡垒。横峰莲荷之战、上饶坑口之战、横峰管山之战，红军拼死血战，伤亡800余人。红军这样拼法，还能拼上几回？方志敏痛心极了，于是同刘畴西商议："能否改变打法，去打薄弱之敌？"

"现在根据地范围缩小，强敌压境，到哪里去打薄弱之敌？"刘畴西忧虑地说。

"敌五十五师、五十七师、十二师、浙江保安师这些不都是弱敌吗？"

"从我们现有力量来看，他们也已变为强敌，同他们打，也同样要硬拼！"

方志敏感到刘畴西的分析不无道理，但是绝不能单靠新红十军去硬拼，还是要动员群众，组织群众力量进行战斗。组织各级苏维埃，全力支持前线；组织地雷队，奔赴前线；组织大小游击队，配合前线作战……

闽浙赣苏区军民，尽了最大努力，作出重大牺牲，却没有能够赢得第五次反"围剿"的胜利；敌人终于迫近闽浙赣苏维埃省会——葛源镇。

方志敏后来在狱中回顾第五次反"围剿"失败的原因，认为是"我们过于机械地执行了中革军委制定的战略。"这时他并不知道中央苏区的情况，但他也已经觉察出来王明"左"倾冒险主义的错误和危害。

三十五、重起炉灶，再来干吧！

第五次反"围剿"最后失败了，一大片红色根据地落入白军手中，方志敏为此感到心情沉重。但是，失败毕竟是暂时的，对于一个革命者来说，失败同时又意味着从头做起，就像方志敏自己说过的那样，"重起炉灶，再来干吧！"想到这里，不免引起了他深深的思索。

蓝家星火，九区赤化，弋横年关暴动，金鸡山首战成功……方志敏和他的战友，一步一个脚印，打出个信江八县苏维埃，并以此为基础，发展成赣东北省苏维埃，又进而扩大为闽浙赣省苏维埃。在全盛时期，闽浙赣省苏维埃的辖区东出浙西，南下闽北，西濒长江，北临皖南，包括闽、浙、皖、赣4省54个县的全部或部分地区，纵横600里，仅中心区域弋阳、横峰等8县，人口就达400余万，无论党的建设、政权建设、军事建设、经济建设、文化建设，都取得很大的成就。

这就是毛泽东所说的"方志敏式的根据地"发展的一个大体轮廓和概况。在《关心群众生活，注意工作方法》一文中，毛泽东称赞赣东北的同志"有很好的创造"，是"模范工作者"，说"他们是革命战争的良好组织者和领导者，他们又是群众生活的良好组织者和领导者"。他肯定赣东北深入开展土地革命、扩大人民武装的路线、政策，是"无疑地正确的"。

在1931年11月召开的中华苏维埃第一次全国代表大会上，方志敏当选为中华苏维埃共和国临时中央政府执行委员，赣东北苏维埃、红十军和方志敏本人，分别受到了大会的奖励和表扬。但是在成绩面前，方志敏不居功自矜，他把一切成绩归于党、归于人民。他在接受大会授予他勋章的"答词"中说："……授予我的勋章，不仅奖励我个人，而且是奖励全省工农群众与红色战士的光荣斗争。"

从1928年方志敏回到赣东北以来，6年多了，多少风风雨雨，多少惊涛骇浪，苏区的劳苦大众始终坚定不移地跟党闹革命；烧毁了那么多房屋，牺牲了那么多亲人，可是他们从来没有动摇过对党、对红军、对苏维埃的忠诚。

想到这一切，他便感到精神振奋，热血沸腾；展望未来，更加充满了信心。

正在这时，党中央发来了新的战斗号令。

由于蒋介石顽固执行"攘外必先安内"的政策，倾全力"剿灭"中国共产党领导的工农红军，导致日寇大举入侵。在这民族危机愈加严重、国破家亡的紧要关头，中共中央和工农民主政府，毅然高举北上抗日红旗，组成中国工农红军北上抗日先遣队，坚定地向闽、浙、赣、皖进军，踏上了北上抗日的征途。

红军北上抗日先遣队，最初由红七军团组成，寻淮洲任军团长，乐少华任政治委员，刘英为政治部主任，粟裕为参谋长，曾洪易为随军中央代表。先遣队于1934年7月6日由瑞金出发，先后转战闽中、闽东、闽北、闽西、浙皖边和皖赣边，历时4个月，10月下旬到达闽浙赣的德兴县重溪地区。

1934年10月初，方志敏接到中革军委的电令，要他重组红军北上抗日先遣队，向皖南出击，开辟新区，北上抗日。遵照中革军委的指示，先遣队与闽浙赣苏区的新红十军及地方武装实行合编，成立了红十军团，由刘畴西任军团长。为了统一领导红十军团和创建新苏区的全盘工作，又成立了军政委员会，方志敏任主席，随军行动。

先遣队最初从瑞金出发时，正是中央革命根据地第五次反"围剿"面临失败的紧急关头，中央革命军事委员会赋予先遣队的另一项使命即是要吸引和调动一部分敌人，以配合中央主力红军即将实行的战略转移，这在当时自然还是个"秘密"。等到10月下旬，先遣队到达闽浙赣苏区与红十军合编时，红军主力已出发长征，中央派出先遣队的这一目的就更加清楚了。可是以一支只有几千人的先遣队，要完成这样艰巨的战略任务，这显然是要求过高了。

方志敏此时慎重考虑，深感此番受命，责任重大。红军北上抗日，直入国民党统治的心脏地区，甚至逼近国民党政权的首府南京，蒋介石必然调遣重兵围堵，前途将是恶战频繁，自不待言。但他抱定决心，只要救国利民，决不计较个人安危，他坚定地说："我下了决心去完成党交给我的任务。党要我做什么事，虽死不辞！"

方志敏于11月初抱病到重溪和红七军团领导同志共同商定部队合并整编的干部配备和行动方向，旋又回到葛源部署今后苏区的斗争，走访乡亲，组织疏散……忙得马不停蹄。

由于曾洪易自先遣队从瑞金出发以来，散布悲观情绪，破坏内部团结，在重溪整编会议上，他受到严肃的批评，经中央批准，他被撤销职务，留在闽浙赣苏区工作；不久，他逃离苏区，到南京叛变投敌了。

红十军团都是老十军和新十军的子弟兵，他们就要远离家乡开拔了，当地群众都来为他们送行。方志敏强忍着眼泪，叮嘱老区的群众，目前，革命虽然受到挫折，但是我们要坚定信心，革命的前途一定是光明的。等我们打败日本强盗，收复大好河山，一定再回到家乡，重建家园，共同发展生产，让家乡的人民世世代代安居乐业，过上幸福生活。

深夜，方志敏夫妻相对而坐。此时，缪敏已怀胎十月，即将临产，丈夫要离家，部队要远征，前途未卜。

做丈夫的最理解妻子的心思，方志敏说："你快要生孩子了，我不能在家照顾你，只好你自己当心。我们的子女多，是不是分散到可靠的亲友家中去寄养，比较好些？"

妻子听了丈夫的体贴的话语，反倒坚定起来了，她答道："你不必操心。我已经安排好了，倒是你的肺病，恐怕还会复发，千万要自己注意，这行军打仗……"她话未说完，忍不住泪水一下子涌了出来。

方志敏不知如何安慰妻子，轻轻地拍着她的肩膀，低头沉默。

缪敏稍稍平静下来，深情地说："你的冬衣，我都给你收拾好了。这几件夏天穿的汗裤褂，要不要一道带在身边？"

"行军打仗，带不了这许多东西。"他随手在妻子身边检点着衣服说，"这几件还可以，不算太破旧，你把它收拾起来吧。还有这几双线袜，都是上好了布袜底的，统统放到山洞里藏起来，免得被白军抢了去，我明年夏天回来还要穿呢。"

"你真是个……"

"守财奴，对吧？"方志敏用手掌抚摸着爱妻的双肩。

第二天，1934年11月24日，红十军团——红军北上抗日先遣队开拔了。

方志敏骑在马上，眷恋地朝故乡、亲人望了最后一眼，然后调转马头，放松缰绳，飞驰而去。

三十六、陷入绝境

1934年11月下旬，方志敏、刘畴西率领红十军团部和第二十、二十一两师，从德兴出发，经婺源、开化和休宁，北上皖南，与先期进入皖南的十九师在黄山东南的汤口会合。这时，敌人调集重兵分成多路对我军围追堵击。为了打破敌人的围歼阴谋，方志敏和军团领导选择在黄山东麓之谭家桥地区与敌人打了一场伏击战，可惜这一仗最后失败了。红军二十、二十一师原先在闽浙赣苏区习惯打游击，不擅长正规作战，阵地先被冲垮。十九师主力配置不当，未能前往增援。结果红军只得撤退，向北转移。这一仗红军伤亡很大。军团主要干部中原红七军团军团长、十九师师长寻淮洲，负重伤后牺牲；八十七团团长黄英特阵亡；军团政治委员乐少华、十九师政治部主任刘英和军团保卫局局长周群，都负重伤。

谭家桥首战失利，红军士气不免受到影响，强敌追踪，边战边走，日趋被动。从1934年12月下旬到1935年1月上旬，红军在皖南和皖浙赣边的泾县、太平、青阳、石埭、黟县、休宁、祁门、屯溪、歙县、绩溪、婺源、开化等十余县往返转移，进行大小十多次战斗，始终未能摆脱困境。

情况十分严重，为挽救危局，一部分领导同志曾主张，将部队分为若干支队，分头打游击，以避免和强敌硬拼，保全实力，徐图发展。但方志敏考虑，部队经过连续行军作战，已经疲劳不堪，急需休整，因而没有采纳"分兵"的主张，而是决定将部队带回赣东北苏区进行休整，认为到了苏区一切都好解决。当时消息不灵，他没有料到自从红军离开后，敌人已在苏区周围设置了纵横好几道封锁线，进入苏区困难重重。

方志敏和军团参谋长粟裕带领先头部队800余人，于1935年1月12日凌晨从浙江开化杨林翻过一座山，当天前进到靠近闽浙赣大苏区的港头村。而刘畴西和十九师参谋长王如痴率领的2000余人的主力，在到达杨村后，顾虑部队疲劳，就在当地宿营，到第二天才继续前进。这时敌人已赶到主力部队前头进行阻截。主力部队被迫绕道前进，到15日还没有赶上先头部队，时间已耽误两天了。

16日，敌情紧急，方志敏通知刘畴西，必须于当天通过乐（平）常（山）封锁线，但刘畴西回信说："部队疲倦，本日不能继续前进。"方志敏接到此信，立即召集几个主要干部开会。大家都认为敌人主力很快就会围上来，今晚如不能进入闽浙赣苏区，将失去最后突围机会。方志敏担心刘畴西行动犹豫，就说："如果不派一个人去帮助他通过封锁线，还不知道会遇到什么麻烦。"

粟裕当即坚决地说："让我去。"

方志敏抬起手来制止他说："不，我是这支部队的主要负责人，大部队还在后面，就责任说我不能先走。"见粟裕还要争取，他又制止说，"就这样决定了。"乐少华和刘英伤势严重，方志敏决定先头部队由粟裕率领先走，并吩咐说："估计明天晚上，我们可以会合，你们明晚配合地方武装，掩护主力通过敌封锁线。"

果然，第二天清晨，先头部队全部到达苏区，可是主力部队接连几天仍不见踪影。

这时，敌军四十九师、五十七师和四十三旅，还有浙江保安师等已分几路赶到，以14个团、七倍于我军的兵力，将我主力部队包围在方圆不到15里的荒山深谷之间了。方志敏一路摸黑，翻山越岭地钻进敌人的包围圈中，终于在浙赣交界的怀玉山找到了自己的部队。

几次突围，没有成功。

大雪封山，滴水成冰，弹尽粮绝；部队已经失去战斗力，陷入绝境。

敌人开始搜山了。

躲在树林中的方志敏，眼睁睁地看着红十军团的战士，被敌人包抄缴械而成为俘虏，真是心如刀绞！

已经7天了，没有吃过一顿饱饭。饥饿，寒冷，疲倦，苦恼，哪怕是一块铁，也难经受这无休止的磨损。可是人，一个有坚定信念的人，却有可能超越生命的极限。

浑身颤抖、双腿发麻的方志敏，仍在借重警卫员的帮助，不分昼夜地爬山越岭，以求躲避敌人，穿越封锁线。经过几天的搜索，敌军宣告胜利，准备收兵解围了。

谁知正在这个时候，方志敏的警卫员魏长发，被敌人捕获。为了100块大洋的赏钱，他卑怯地向敌人投降，出卖了方志敏，向敌人指明方志敏藏匿的地方。

敌人得知方志敏还在山上，立即出动，再度搜山。

　　方志敏躺在草窝里，将树叶掩盖在身上。

　　敌人搜索了六七个小时，未找到方志敏，可是两个白军士兵，却在无意中发现了他。

　　1935年1月29日，方志敏不幸被捕。

　　方志敏稳稳地站起身，冷峻地盯着眼前的敌人。他那不凡的气势，自若的眼神，立刻使两个白军士兵猜出面前站的是什么人了。于是他们"想当然"地做起了发财梦，准备在这个红军"大官"身上发一笔横财。他们仔仔细细地从方志敏的上身搜到下身，从头顶搜到脚底，然而，除了一块怀表、一支水笔之外，竟是一无所获。

　　当官的不会没有钱；如果不要钱，他来当官干什么？两个白军士兵坚信方志敏把大笔钱藏了起来。于是，其中一个，左手拿着手榴弹，右手拉出手榴弹的引线，叉开双腿大吼着："赶快把钱交出来，要不就炸死你。"

　　"我已经被俘了，还怕你的手榴弹？"方志敏暗自好笑，"何况你现在炸死我，凭什么去领赏呀，岂不是两头落空？"

　　那士兵见方志敏只顾冷笑，更为恼火，就说：

　　"你当大官的会没有钱？你骗不了我。哼，我们都是老行伍，这还不知道？快说，你把钱藏在什么地方了？"

　　方志敏见他们确实愚蠢得可怜，便微笑着淡淡地说：

　　"我确实一个钱也没有。不比你们国民党的军官，我们共产党干革命，可不是为了升官发财。"

　　那两个想发财的白军士兵还不死心，又在他身上从里到外搜了一遍，再到他身边大树旁和草丛中查找了一番，仍是一无所得，只好自认倒霉，居然抓着一个身无分文的大官。他们又对方志敏疑惑不解地看了几眼，方无可奈何地说："走吧！"

　　在狱中的方志敏，曾写下一篇题为《清贫》的文字：

　　"我从事革命斗争，已经十余年了。在这长期的奋斗中，我一向是过着朴素的生活，从没有奢侈过。经手的款项，总在数百万元；但为革命而筹集的金钱，是一点一滴地用之于革命事业。这在国民党的大人物身上，颇似奇迹，或认为夸张；而矜持不苟，舍己为公，却是每个共产党员的美德。"

三十七、正气凛然的《自述》

方志敏被俘，对敌人来说，自然是个大喜讯。

被俘的当天下午，方志敏被押到国民党第四十三旅七二七团团部，团长和副团长得意地面带笑容迎了出来，对方志敏说了不少恭维话，但方志敏却未予理睬。晚上，敌团长又来纠缠，要求方志敏"写点儿文字"。方志敏坦然地拿起桌上的纸墨，写下了一篇正气凛然的《自述》：

> 方志敏，弋阳人，年三十六岁。知识分子。于一九二四年加入中国共产党，参加第一次革命。一九二六年至一九二七年，曾任江西省农民协会秘书长。大革命失败后，潜回弋阳进行土地革命运动，创造苏区和红军。经过八年的艰苦奋斗，革命意志，益加坚定。这次随红十军团去皖南行动，回苏区时被俘。我对于政治上总的意见，也就是共产党所主张的意见。我已认定苏维埃可以救中国，革命必能得最后的胜利。我愿意牺牲一切贡献于苏维埃和革命。我这十几年所做的革命工作，都是公开的，差不多谁都知道，详述不必要。谨如上。
>
> 一九三五年一月二十九日晚八时

敌军团长看完这篇正气凛然的《自述》，作为军人，他也不能不对面前这位大名鼎鼎的红军领导人肃然起敬。

此后，方志敏由团部押解到江西玉山县敌四十三旅旅部，旋又押解到上饶。这时，敌人为了保证这名"要犯"的"绝对安全"，便给他钉上十斤重的脚镣，加上身体的极度虚弱，使得他寸步难行。

方志敏被押解到玉山县城大水坑国民党四十三旅旅部。敌人开了"庆祝大会"，将他带到大会讲台上"示众"，妄想以此来宣扬他们的"胜利"，打击群众的革命情绪。

方志敏自信是堂堂正正的革命者，他昂首挺立在台上，气宇轩昂，目光炯炯，沉静地望着台下的民众。上饶的革命人民谁不敬佩方志敏啊，他们见到他落到敌人手里，心情无比沉重，许多人低下头来，眼泪夺眶而出。

敌军官在台上喊起反共口号，但是台下一片沉寂，没有一个人应声。敌人愤怒了，恶狠狠地命令民众跟着喊，但还是没人应声。这无声的反抗把敌人吓慌了。面对此情此景，方志敏的脸上浮现出微笑。他看到了民众的心向着共产党，向着革命。敌人害怕出事，匆忙地把方志敏押走了。第一次"庆祝大会"就这样草草收场。

但是，愚蠢的敌人并不承认自己的失败，反而自鸣得意，还要在押送方志敏路过弋阳和到达南昌时，重演这套把戏。

弋阳，是方志敏的故乡，弋横暴动的策源地，在方志敏率领抗日先遣队离开后不久，便陷入敌手。这里的群众遭受了难以想象的苦难。敌人以重兵进攻这块老苏区根据地，采取烧光、抢光、杀光政策，一批又一批的革命群众被屠杀了。随着国民党军队进攻而回乡的土豪劣绅，对贫苦农民进行疯狂的反攻倒算，许多农民被打死在曾分得的田头地脚，方圆几十里田园荒芜，渺无人烟。

弋阳漆工镇西面的洪家村，全村160多人，革命失败后被杀50余人，房屋被烧过9次。方志敏诞生地的湖塘村，更是敌人"清剿"的重点。国民党出动了4个师来毁灭这个只有80余户人家的村庄。群众白天躲在深山野林里，以野菜、草根、竹笋充饥，晚上在山上搭草棚过夜。方志敏的父亲方高翥，就因为难熬这艰苦凄惨的岁月死去了。

留在闽浙皖赣苏区坚持斗争的许多领导干部和群众积极分子，也多在这时牺牲了。闽浙赣苏区党政军重要领导人之一唐在刚，坚持与敌人激战6个月，最后牺牲在葛源以西的苏源山上；弋横暴动领导人之一邹秀峰，不幸被捕英勇牺牲；弋横暴动另一领导人黄端喜，遭敌捕获后宁死不屈，被敌人残酷地剖腹挖心致死；闽浙赣根据地的其他几位创建人程伯谦、邹琦以及方志敏的堂兄方远辉也均遭杀害。

但是，苏区人民刀砍火烧不变心。

湖塘村妇女代表邹绿蓉，在生命垂危的时候，郑重地对她丈夫方毕生说："你不要忘记共产党，不要忘记苏维埃。我死之后，你一定要给我做一顶红军军帽，做一套红军军服，给我穿上戴上，我死了也要当红军。"

弋阳的革命群众，不分男女老幼，听说方志敏要被押到弋阳来，不要谁发动，不要谁组织，纷纷扛起锄头，腰插柴刀，手握扁担、木棍，从四面八方涌进县城，准备和反动派拼个鱼死网破，舍命救出自己的领袖。

弋阳县长张抢元，听下属报告，今天来到县城的人特别多，似有"弋横暴动复起之势"，连忙派人到半路上拦阻押解"囚犯"的队伍，叫他们千万不要在弋阳停留，免生意外。可是亲自押解方志敏的国民党赣浙闽皖边区绥靖司令兼第八军军长赵观涛，仗着自己有4辆装甲车和5辆大卡车武装，根本不相信弋阳县的农民吃了豹子胆敢劫人。他命令手下人员，在车上架起十几挺机关枪，硬着头皮开进弋阳县城。当到达"示众"的地点——汽车站时，赵观涛看见眼前一片黑压压的愤怒人群，也不免胆战气馁。但是，既然来了，总得做做样子，于是，他命令荷枪实弹的士兵，将方志敏从囚车中围拥出来了。

"是他，是我们赣东北的英雄，是我们弋阳的方志敏呀……"

群众热血沸腾，千百双犀利的目光，紧盯着囚车上屹立的巨人，彼此拥挤着向前靠近。

方志敏环视着周围一张张熟识的面孔，眼中饱含着激动的泪花……他高举起戴着手铐的手臂，向着人群挥舞。多少人眼中喷着怒火，握紧扁担木棍，一步步向囚车逼近。

"不准过来！"一个军官吼着，"站远点儿，再靠近就不客气了。"

方志敏不愿看见群众为了他作无谓的牺牲，他连忙举起双手，用力摇摆，手上的铁链发出一片叮当声，像是在提醒大家："不要动手！"

赵观涛眼看势头不妙，连忙下令："开车！快！"

方志敏被拥进囚车，汽车轰鸣而去。

车队到达南昌后，方志敏被关押在国民党驻赣绥靖公署军法处看守所。

国民党反动派于1935年2月7日在南昌市豫章公园又组织了一个所谓"庆祝生擒方志敏大会"。腥风血雨，春寒料峭。公园四周军警密布，宪警特务大批出动。被敌军强迫前来开会的群众挤满了公园旁边的会场，方志敏站在"示众"的装甲车上向群众高声讲话了：

"同志们，同胞们！我很高兴还能和大家见面，还能和大家讲话。我们中国，外受帝国主义的侵略压迫，内受贪官污吏、土豪劣绅的统治剥削，国已不国，民不聊生，只有实现共产主义……"

说到这里，国民党的文武官员才从惊愕中猛醒过来，发疯似的叫着："快拉下去！快将方志敏拉下去！"敌人慌忙将方志敏推进装甲车里去了。

方志敏被俘后，敌人连续开了三个"庆祝大会"，而且一次比一次规模大，但结果都只能是搬起石头砸了自己的脚。

三十八、"最终失败的定是你们"

劝降，这是敌人从上到下精心策划的对方志敏所采取的一项特殊措施。

方志敏被俘之后，蒋介石立即密令国民党驻赣绥靖公署主任顾祝同，要尽力劝说方志敏"归诚"。顾祝同也随之将这道密令层层下达。因此，从玉山到上饶，从上饶到南昌，直至方志敏被关进南昌绥靖公署军法处看守所，形形色色奉旨劝降的人，走马灯似的围着他转。

在玉山，敌四十三旅旅长刘振清邀同国民党玉山县县长王振寰，"盛情接待"。王振寰早年曾混迹于南昌地下革命中心黎明中学和国共合作时的江西国民党省党部，与方志敏有点儿"旧谊"，所以，他一见方志敏，便不无感慨地说：

"世事变迁，想不到你我于此地重逢，方兄，还认识我吗？"

"认得。你叫王清尘，对吧？"

王振寰一听方志敏以字相称，可见未忘故旧，不禁十分得意，连连夸道："方兄好记性！方兄好记性！"

"你当大官啰！"

"哪里哪里。"王振寰赶紧赔笑。

"当年，似曾同道；如今，你是贪官污吏。王清尘，你我没有交谈的余地。"

王振寰不识相，还想转弯劝说，方志敏将手一挥，大声说道：

"不必多费口舌。我方志敏，宁为玉碎，不为瓦全。"

王振寰这才无可奈何地摊开双手，敌旅长只好命左右押下方志敏。

在上饶，顾祝同特派国民党江西省党部书记长俞伯庆，前来"迎接"。

晚上，赵观涛约同俞伯庆，将方志敏请到客厅，两人唱起双簧来了。

赵观涛很想得到生擒方志敏、劝降方志敏的双功，他与俞伯庆商量，一个唱红脸，一个唱白脸。于是他首先开腔了：

"方先生，你危害四省边界，造恶多端，如今兵败被俘，还不认罪？"

方志敏将胸一挺，大声反问道：

"国民革命为工农，我方志敏一生为工农，何罪之有？国难当头，我方志敏北上抗日，何罪之有？"

这一问，反问得赵观涛答不上话来。

俞伯庆连忙插话道："北上抗日？笑话！你们共产党根本没有这个力量，只不过借此收买人心罢了。当今的中国，只有我们国民党才有力量抗日，你们倘若果真抗日，就应该及早放下武器，让我们国民党解除后顾之忧，以全力抵御外侮。"

"这就是你们的攘外必先安内的政策吧？"

"对，室有豺狼，焉能出户御虎。"

"请问，虎在户外还是室内？"

"这，总而言之，尚未进入室内。"

方志敏听了，一阵哈哈大笑：

"这是什么逻辑？依此理论，东三省就是中国之外，华北也是国中之外，倘若需要，任何地方都可以以国中之外为由，随意出卖。安内灭共，不过是为你们肆无忌惮地降日卖国解除后顾之忧；这便是你们安内攘外政策的真相。"

赵观涛一下子从椅子上跳起来，连说："放肆！"俞伯庆到底是书记长，不急不躁，端坐不动，冷笑着又抛出一句话来：

"方先生，不管你怎样说，你们总是失败啦！"

赵观涛这才一屁股坐下，看着方志敏得意地抖动起二郎腿来。

"失败？不！政治上我们立于不败之地，军事上我们不过是暂时受挫而已！"

俞伯庆还是笑嘻嘻地说：

"政治上，打倒土豪劣绅，打倒贪官污吏，你们这些口号，还不是从我们这里搬过去的吗？"

"谁搬谁的，姑且不论。你们过去卖狗肉，还曾挂过羊头，如今连羊头也不挂了。我们是说一不二，言行一致，为国为民，矢志不渝！"

赵观涛看俞伯庆有点儿嬉笑不起来了，觉得舌战无益，劝降更谈不上，没奈何，只得就此结束，歇斯底里地叫道："拉下去！"

在南昌，国民党江西省党部一个个官员跑到监狱来"慰问"，还把弋阳县长张抡元也请来了。张抡元是方志敏在南伟烈大学读书时的同学，他手提点心、水果，来说情叙旧了。可是，方志敏一见张抡元，就气愤地说：

"呵，你就是张抡元呀？你在我们弋阳做了许多坏事，杀了许多人。"

"不，不……我没有杀什么人，倒是方先生杀了不少的人。"张抡元争辩道。

"我们是杀了人，但自从革命以来只杀了两个人。"方志敏笑着说。

"杀了那么多的人，怎么能说只杀两个人？"张抡元不解其意。

"就只杀两个人，没有多杀。"方志敏肯定地说。

"那杀了两个什么人呢？"张抡元急切地问道。

"一个土豪，一个劣绅。"方志敏答道。

张抡元顿时瞠目结舌，不知所措，但一想自己是带着"劝降"任务来的，因而不肯就此罢休，继续说：

"方先生已经被俘了，群龙无首，你们的革命是失败了。"

方志敏坚定地反驳说：

"革命没有失败，我方某被俘了，但千百个方志敏在后头，最终失败的定是你们。"

张抡元悻悻而去。

方志敏在南昌"示众"的第三天晚上，照例地被提审了。这次"提审"，实际上又是一次劝降。

充当审判官的是国民党南昌行营军法处副处长钱协民。此人一向遵从蒋介石的训令，对共产党"宁可错杀三千，决不放走一个"。因此，他处理有关中共案件，可算快得出奇，素以办案果断而受到上峰的称赞，虽然明知多少劝降的人都在方志敏面前碰了壁，他还要自己来显显本事和碰碰运气。

这位钱处长示意方志敏坐下，然后做出一副心平气和的样子说：

"今晚提你出来，并不是审问你，而是要告诉你一个要紧的消息。"

"什么消息？"

"这个消息对你十分不利。"

"噢？不过，利与不利，我早已置之度外了。"

"那也不要过于悲观嘛。事情是这样的，听说你夫人组织什么'赴难军'来营救你，这对你反而不利。"

"什么？赴难军？"方志敏一时给蒙住了，心想缪敏她挺着大肚子，该临盆了，怎么可能打仗？

"是啊，这时候还以武力和政府对抗，对你实在不利，简直是火上浇油嘛。"

方志敏看出钱协民是在猫哭耗子，便坦然地说：

"那倒没有什么利与不利的。不过我可以告诉你，缪敏是不会带兵打仗的，可能有人胡说八道，编造谣言。"

"不，不，"钱协民忙说："也许他们用你夫人的名义号召一下，也很难说。"

"她的职务不算高，能号召谁呀？"

"唔……唔……"钱协民支支吾吾，旋又折转话题，"你是不是想见一见你的夫人？你们感情很好嘛！生了几个孩子啦？"

方志敏对这套肉麻的表演实在看不下去了，他站起来，气愤地对钱协民说："你有什么话就直说好了！"

"方先生，不要生气，请坐下，再谈谈嘛？"钱协民仍然耐着性子纠缠道，"嘿嘿，你晓得你们那方有个孔荷宠吗？现在极蒙上面信任，少将参谋，每月薪金500元……"

孔荷宠原是湘鄂赣根据地的一个军长，后来带枪逃跑，投降敌人。方志敏一听到这个名字，无法抑制满腔怒火，立刻厉声说道："那是一个可耻的叛徒，我不会跟他一样。革命者宁可被残杀，绝不会投降敌人！要我屈膝投降，休想！"

接着，钱协民又说了一套"识时务者为俊杰"的话，方志敏根本不予理会。

钱协民劝降失败，立即向顾祝同做了报告，说："方志敏态度倔强，不肯就范。"顾祝同大伤脑筋。第二天晚上，即把赵观涛、俞伯庆、钱协民和国民党省党部执委李中襄等找来，商量对策。有的主张动大刑；有的主张劝说为主，辅之以小刑，软硬兼施；而俞伯庆认为这两种办法均不妥，他主张对方志敏生活上要给予特殊待遇，政治上还是继续劝说，不过，方式上可以灵活多样一些。最后，顾祝同说："伯庆所见甚是，合乎委座的意思。"顾祝同和俞伯庆商量后，向钱协民作了交代，准备要出新的花招。

第二天一大早，外面虽已大亮，但三等号子里的牢房仍是黑漆漆的一片。看守狱卒拿着一大串钥匙叮叮当当把牢房铁门上拳头大的铁锁打开，大声吼叫着："方志敏，外面官长要见。"

方志敏预感到他们又要耍把戏了。他翻身起来镇静地穿衣服，但未等他把衣服穿好，顾祝同已在钱协民和一群卫兵的簇拥下来到方志敏被关的牢房门前，方志敏仍然从容地扣扣子，没有理睬他。顾祝同跨进一步，面带笑容地说：

"方先生，我顾某来得太早了，惊动了；同时，我又来晚了，先生来了好几天，没有早来看望，尚希海涵！"

方志敏听他自称顾某，又看这架势，心知是顾祝同亲自出马了。顾祝同环视了牢房四周，立即故作姿态地责备钱协民说：

"怎么能让方先生住在这儿呢？嗯……"

钱协民未等主人把话说完，就点头哈腰地连说："马上就换！马上就换……"

方志敏依然不睬他。

顾祝同自感没趣，又假惺惺地说：

"今晚，鄙人在行营略备薄宴，为先生洗尘压惊，请您光临。"钱协民马上跨进一步，把一张请帖恭恭敬敬地递到方志敏手里。

"请我赴宴？"方志敏在思索着……

就在这天上午，方志敏在看守所长一再催促下，搬到"优待号"住了。"优待号"与三等号子截然不同，房间宽敞，窗子明亮，四周墙壁都是用白纸裱过的，里边有帆布床、桌子、椅子……用具齐全，与其说是牢房，倒不如说是"书斋"。

晚8时，国民党南昌行营灯火通明，三步一岗，五步一哨。方志敏在钱协民的"陪同"下，昂首阔步，步入宴会厅。钱协民高喊一声："方先生到！"顾祝同第一个迎了上来，伸出他那沾满革命烈士鲜血的手想同方志敏握手，被方志敏拒绝了；接着赵观涛、俞伯庆和国民党省党部执行委员王冠英、李中襄等一群人也迎上前来，表示"慰问"。方志敏对他们投以愤怒的目光，他们一个个只好往后退了；最后，4个打扮娇艳的舞女前来献花，方志敏又把她们顶了回去。在这样十分窘迫的情况下，顾祝同强作笑脸，宣布宴会开始。他说："今天是为方志敏先生洗尘而举行的宴会，从时间来说，虽然晚了点儿，但中国有句古话：'亡羊补牢，未为晚也。'来，让我们为方先生的健康干杯！"大家都直立举杯，把目光全部投向方志敏。但坐在首席位上的方志敏却是视若无人，岿然不动，弄得顾祝同骑虎难下，狼狈不堪。俞伯庆见状，忙向顾祝同耳边嘀咕了几句，顾祝同遂命卫士端来纸墨笔砚，请方志敏"题词"。其本意无非是希望他写点儿表示有"投降"意思的文字。方志敏接过笔来，毫不思索，写下"视死如归"四个大字，写罢投笔拂袖而去，众皆愕然。

他回到"优待号"，又把"视死如归"4个大字写在纸裱的墙壁上，以示其耿耿丹心。

这一夜，他又在想："投降？不能够的，决不能够的！抛弃自己原来的主义信仰，撕毁自己以前的斗争历史，訇的一声，跳入那暗沉沉的秽臭的污水潭里去，向他们入伙，和他们一块儿去抢、去掳、去刮、去榨，去出卖可爱的中国，去残杀无辜的工农；保住自己的头，保住自己的血，让战友的血喷射出来，这还算是人？是狗！是猪！是畜生！不，这是猪狗畜生所不如的东西。"

1935年6月，由于叛徒告密，方志敏妻子缪敏被捕，关押在南昌女子监狱。在另一座监牢中，当国民党当局以夫妻父子感情对受尽折磨的方志敏诱降时，方志敏严词回绝："我失去了自由，妻子和儿女哪还能顾得到？我只有抛下他们。"

三十九、"就是死也是光荣的"

方志敏拒绝了所有劝降的说客，平静地等待着最后时刻的到来——监狱里的人都料定他和同时被捕的刘畴西、王如痴、曹仰山至多在半个月内一定要被执行枪毙。可是，半个月过去了，敌人却并没有什么动静，倒是看守所的所长带了一个住在优待号里的特殊犯人来看望他们。此人名叫胡逸民，浙江永康县人，早年参加同盟会，历任国民党清党审判委员会主席、国民党江西省高等法院院长、南京中央军人监狱监狱长等要职。由于国民党内部的相互倾轧，居然被蒋介石三次投入监狱，用他自己的话说，是"自作自受"。

胡逸民对方志敏等人的遭遇很表同情，对他们的崇高气节甚表钦佩。方志敏等人入狱第一天，他就给他们送过衣被等物；初次见面时方志敏向他借书看，又尽力弄了书来。以后他还告诉方志敏，国民党当局一时还不会杀他们。"这并不是国民党政府有什么爱惜你们的地方——而是要借此表示政府'宽大为怀'，好让在各地战斗的人们知道政府的'善意'，前来归降。"

国民党当局正在用各种方法劝降方志敏，并想要他交代有关"共匪"的材料，强行将他与刘畴西等人分开，移到"优待号"关押，在胡逸民的房子对面。胡逸民得到看守所长的同意，"面子上"是"做说客"，"实际上是借这个题目"，常常深夜去和方志敏促膝谈心，成为知心朋友。

敌人的"缓办"和"优待"，使方志敏萌生了越狱的念头。共产党员，生存一天，就要为党奋斗一天，如果有越狱的可能，为什么不去争取使这种可能达到成功？

党组织对方志敏的被俘非常关心，这时也正在积极设法营救他出狱。上海地下党已派中央特科人员在南昌民德路开了"育民诊所"，作为营救方志敏的掩护机关；但由于敌人封锁太严，一直没能取得效果。

监狱里有一名职员叫凌凤梧，开始任文书，后来代理过几个月看守所长。他与钱协民是同学，但因官场上的角逐，他们之间素有矛盾，他不免意态颓丧，牢骚满腹。他本来是看管方志敏的，由于方志敏对他耐心做工作，使他在思想上开始同情革命，在生活上给了方志敏不少方便和照顾。特科人员了解到这一情况后，通过各种渠道终于与他接上头，希望通过他疏通关系；但不久他就因"政治嫌疑"而被捕入狱，这条内线被切断了。

狱中另一个同情方志敏的人叫高易鹏，学生出身，当过店员，由军法处招聘进了看守所，担任上士文书。他为人正直，有爱国心，经方志敏启发教育，对国民党的所作所为不满，表示愿意为革命做点儿事。

一次，高易鹏提醒方志敏说："方先生，你有病，何不请求监外就医？若蒙准许，便可乘此脱身了。"

方志敏怦然心动，心想，目前在没有外援的情况下，组织集体越狱一时不可能，能先出去一个也好。出去一个，便可与党组织取得联系，组织救援，集体越狱的可能性就大了。

高易鹏果真为此积极地奔走了一番。但军法处怎么也不准方志敏监外就医，这条路也被堵死了。

一天，方志敏向胡逸民谈了他想越狱的想法，胡表示完全赞成并愿积极设法。经过胡逸民一番努力，看守员答应暗地释放，但索要酬劳大洋500元。这么多的钱哪里能弄到呢？胡又委托在南昌的夫人向影心想办法。当时，向影心立刻设法将钱弄到手，胡便如数交给了看守人员。一天，东方微明，看守人员走进方志敏的囚室，偷着将他的脚镣打开，要他快走；不料方志敏刚走出大门，即被看守所长发现，追捕回来，加以重镣。胡逸民的这番苦心又落了空。

虽然经受了一连串的打击，方志敏对越狱仍不死心。他悄悄地与刘畴西、王如痴商量。王如痴却不赞成，认为越狱毫无把握，不要"弄巧成拙"；刘畴西身负重伤，也表示没有信心。方志敏只好暂时作罢。接着，他又细心观察有没有新解来的同志，以便征求他们的意见。

一天晚上，方志敏痛惜地看到被绑着押来一批红十军团指战员，据说是从杭州警备司令部看守所解来的。第二天放风的时候，他便留神观望，发现红二十师参谋长乔信明也在其中。他知道乔信明是个忠实可靠的同志，当晚，便写了一个便条，托一个同情革命的看守人员送去。便条说："这次被俘的有多少干部？请你将他们的名字告诉我。"

乔信明看后，非常高兴，立即写了回条，报告了被俘人员的名单和最后战斗被俘的经过。

第二天，这个看守人员又带来方志敏的第二个便条："请你告诉我，哪些人坚决，哪些人怕死。你应很好地向这些干部进行教育，在敌人面前一定要顽强，怕死是没有用的。"

随着这个便条带来的，还有1元多钱，说是给他买菜吃。乔信明看到这1元多钱，不禁立即想起贵溪战斗中自己腿负伤的事来。当时缺药，他的伤腿一个多月不消肿，眼看危及生命，医生决定锯腿。他伤心极了。失去一条腿，还怎能行军打仗呢？就再三请求医生不锯。医生为难地说："同志，条件就是这样的，有什么办法呢？报告已送到省委，看怎样批示吧！"他心想：省委还不是听医生的？批示一下，手术刀几下子，自己这条腿就没有了。不料，这报告送到方志敏手里，方志敏当即批示："不管花多少钱，一定要保住这条腿。药在苏区买不到，可以到白区去买，钱由省委报销。"这真是天大的喜讯！他高兴极了。不过，高兴一阵之后，又流起眼泪来。他想起方志敏，从不肯多花公家一个铜板，对自己的亲人，也从不让揩公家一点儿油，可对同志，却是"不管花多少钱"。这批示，是方志敏那颗珍爱战友火热的心啊！如今，方志敏已身陷囹圄，还是只想到别人，只想到同志……他不禁提起笔来，含着热泪，写了第二个回条：

"同志们都很坚决，都很顽强。"

方志敏在写第三张便条时，颇费踌躇。他本已提出要他们"组织集体越狱"，但又一想，王如痴的意见不是完全没有道理，万一便条落入敌人手里，就真会是"弄巧成拙"，加重对同志们的处理。于是，他把写好了的便条烧毁，又重新写道：

"我们几个负责人，方、刘、王、曹、周、李、张等，敌人一定要杀死我们的。你们不一定死，但要准备坐牢，在监狱里要学习列宁同志的榜样，为党工作，坚持斗争，就是死也是光荣的。"

乔信明反复地默念着这张便条，明白方志敏对他寄予厚望，于是写了第三个回条：

"亲爱的志敏同志，感谢你在这样的环境里，对我的了解和信任。请你放心，你的指示我一定坚决执行。"

一天，在放风的时候，方志敏又见到红十军团卫生部长谭时清。两人一见面，相互微微地点点头，随后，他又给谭时清写了一封短信：

时清：

　　判决可能很快就会下来，我们几个军团领导已经做好准
备，他们是不会让我们活着的。但是，估计你可能不会死。
你要准备坐牢。如有机会出狱，赶快和党联系，千万不要忘
记苏维埃。

　　越狱的希望既已渺茫，方志敏在为战友们作了安排以后，便全身
心地投入写作文稿之中。

四十、倾吐对党、对祖国的赤子之心

　　方志敏入狱后的第五天，就已经开始写作了，但当时并没有想
到这些文稿能够送出去。他也曾劝说王如痴等趁在狱中有工夫，可以
写点儿东西，但他们也都怕送不出去，不愿意写。后来胡逸民郑重表
示，愿意为送文稿出力，方志敏很高兴，对胡逸民说："那我将努力
写多少，算多少，至死而已。我愿我写出的文稿，在我死后递交我的
同志。"

　　从此以后，方志敏把写作当做了他为党工作的最后机会。他要在
这生命的最后时刻，倾吐对党、对祖国的赤子之心；他要总结自己毕
生奋斗的历史，为后来的同志们留下一笔用鲜血凝成的精神遗产。在
狱中半年多的时间里，他从寒春写到炎夏，白天写，晚上写，甚至从
深夜写到第二天黎明。为了这些文稿，他不知熬过多少不眠之夜，也
不知咳过多少次血。有时他感到头痛欲裂，只能"用两掌抱住涨痛的
头"，稍有缓解，又"咬紧牙关"，"边想边写"。他是尽一生最后
的精力，把"血儿滴在地上"写的。

　　方志敏用他炽烈的感情和全部心血，在狱中先后写下16篇文稿，
共13万余字。

3月上旬，写成《我从事革命斗争的略述》；

3月25日，写成《我们临死以前的话》；

4月20日，写成《在狱中致全体同志书》；

5月2日，写成《可爱的中国》；

5月25日，写成《死！——共产主义的殉道者的记述》；

5月26日，写成《清贫》；

5月底，写成《给某夫妇的信》；

6月9日，写成《狱中记实》；

6月19日，完成《赣东北苏维埃创立的历史》的"序言"和第二章。就在他准备构思写作第三章的时候，噩耗一个接着一个地传来：

江西省苏维埃政府政治保卫局局长娄梦侠被军法处刽子手枪杀了。

中华苏维埃共和国临时中央政府土地部部长胡海和中共公万兴特委书记谢名仁又被军法处刽子手枪杀了。

方志敏怀着十分沉痛的心情，于6月23日，写了《记胡海、娄梦侠、谢名仁三同志的死》，以寄托哀思。

接着，红二十一师师长胡天桃、北上抗日先遣队保卫局局长周群、红十军团军团长刘畴西、红十九师参谋长王如痴……也先后被秘密杀害。

这时，方志敏预感着死神已向他敲门了，便抓紧安排送出文稿。7月初，他写了《遗信》和《给党中央的信》《给我妻缪敏同志一封信》《给孙夫人的信》《给鲁迅先生的信》《给胡罟人的信》。其中《遗信》没有写收信人的姓名，但从信的内容看是写给胡逸民的。

信写好之后，方志敏又投入紧张的文稿复写工作。要传送的文稿不是一份，为了"保险"起见，他打定主意要传出4份，这就要复写3份。在复写的这3份文稿中，有的是密写，用米汤密写；有的是手抄，用墨笔抄写。十几万字呀，复写3份就是三四十万字呀！在那短短的半个月里，每天就要复写2万多字，可以想见，这要付出多大的艰苦劳动啊！没有惊人的毅力、顽强的斗志，是不可能做到的。

　　然而，尽管是这样的忘我和拼命，他要写的东西仍未写完。《赣东北苏维埃创立的历史》未写完，关于苏区经济问题的文章尚未动笔……一天，看守人员通知他：

　　"顾主任要见，和你方先生谈话。"方志敏心想，顾祝同又来了，这恐怕是最后通牒了；死期真正到了，我再没有时间为党呕心沥血了。

　　顾祝同一进门，墙上"视死如归"4个大字向他迎面扑来，他不禁打了一个寒噤；不过，他很快控制住自己，面带微笑地说：

　　"我这是第三次见到方先生了。我今天来，特地转告方先生一个喜讯。"

　　"喜讯，我能有什么喜讯？"

　　"确实是个喜讯！委座要委任方先生以江西省主席的重任，不过么……"

　　"不过什么？"

　　"不过，有个小小的条件，在报纸上登一则脱离共产党的启事。"

　　方志敏一听，断然拒绝。

　　顾祝同便知趣地抽身告辞了，并电告蒋介石：方志敏"实在不可屈"。不久，蒋介石下了"秘密处死"方志敏的命令。

　　1935年8月6日，东方未亮，细雨蒙蒙，方志敏被敌人杀害于南昌市下沙窝，年仅36岁。

　　方志敏在狱中写下的十多篇文稿，成为留给世人的宝贵的精神财富。这些文稿是他在生前亲自安排，通过单线联系，由他在狱中争取过来同情革命的胡逸民和高易鹏，先后分4次从狱中传出的。

　　方志敏崇高的精神品格和为革命事业作出的杰出贡献，将永载史册。

附录 方志敏生平年表

1899年

8月21日，出生于江西省弋阳县漆工镇湖塘村一个世代务农的家庭。

1907年

入私塾读书。

1910年

辍学在家务农。

1916年

秋，考入弋阳县立高等小学，在校组织进步团体"九区青年社"。

1919年

夏，与邵式平等发动组织弋阳县立高等小学学生开展反帝爱国斗争。

秋，考入江西省立甲种工业学校预科班。

1920年

考入江西省立甲种工业学校应用机械科学习，为该校学生自治会负责人。

1921年

春，因领导该校学生反对腐败教育，要求教育改革而被校方开除；不久，加入江西"改造社"，为《新江西》季刊的主要撰稿人。

秋，考入教会学校九江南伟烈大学（九江同文书院）。

1922年

春，参加"非基督教大同盟"。

7月，由九江赴上海，任《民国日报》校对，并在上海大学旁听。经赵醒侬介绍，加入中国社会主义青年团；其间在上海找到了中共党组织和中共领导机关，并结识了陈独秀、瞿秋白、恽代英、向警予等中共领导人。

8月，根据组织决定，离开上海，返回南昌创办"文化书社"，创建江西地方团组织，出版《青年声》周报。

1923年

与赵醒侬等人创建中国社会主义青年团南昌地方团组织、江西"民权运动大同盟"和"马克思学说研究会"。

1924年

3月，加入中国共产党。

冬，创办江西省第一个农民协会——扬子洲农民协会。

1925年

7月，当选为国民党江西省党部执行委员兼农民部部长；回弋阳创建中共漆工镇小组，组织"弋阳青年社"，出版《寸铁》旬刊，建立农民协会，领导农民运动。

1926年

5月，出席广东省第二次农民代表大会。

12月，任江西省农民协会筹备处秘书长。

1927年

2月，当选为江西省农民协会执行委员兼秘书长，领导全省农民运动进入高潮，农协会员发展至80余万人。

3月，赴武汉出席中共中央农委扩大会议，当选为中华全国农民协会临时委员会执行委员。

4月，回南昌组建由省农协领导的农民自卫军。

6月，被国民党江西省政府主席朱培德"礼送"出境，化名李祥松，赴赣西巡视党的工作和农民运动。

8月，南昌起义后，返回弋阳发动秋收暴动，先后任中共弋阳区委书记、中共横峰区委书记。

11月至1928年2月，与黄道等人组织领导了弋横暴动，任中共弋阳、横峰、贵溪、铅山、上饶5县工作委员会书记兼暴动总指挥，暴动失利后率部转入磨盘山区坚持斗争。

1928年

4月，任中共弋阳县委书记，创建工农革命军第二军第二师第十四团一营一连，领导建立了弋阳、横峰两县苏维埃政府，任弋阳县苏维埃政府主席。

6月，主持召开弋阳、横峰两县县委联席会议，批判了埋枪逃跑的错误主张，确定了反"围剿"斗争的基本策略。

1929年

任中共信江特委书记兼中共贵溪县委书记、信江特区苏维埃政府主席，领导建立江西红军独立第一团。

1930年

2月，任信江苏维埃政府革命军事委员会主席，率独立团在赣东北开辟根据地，先后领导了贵溪、万年等县的农民暴动，多次粉碎了国民党军的局部性"围剿"。

7月，领导成立中国工农红军第十军。

8月，当选为赣东北特区革命委员会主席。

9月，当选为赣东北行委执行委员，随红十军转战赣东北。

1931年

3月，当选为赣东北特区苏维埃政府主席；3月下旬，任红十军政委后当选为赣东北特委常委，率部转战贵溪、余江及闽北地区，在闽北连战皆捷。

11月，在中华苏维埃第一次全国代表大会上当选为中华苏维埃共和国临时中央政府执行委员、主席团委员；同月，当选为赣东北省苏维埃政府主席兼财政部长。

1932年

9月，再任红十军政委，率部二进闽北，先后攻占赤石、星村两镇和浦城等地。

12月，任闽浙赣省苏维埃政府主席。

1933年

1月，组建新红十军。

12月，任中共闽浙赣省委书记、闽浙赣军区司令员。

1934年

1月，在中共六届五中全会上增补为中央委员，并在中华苏维埃第二次全国代表大会上再度当选为中央执行委员、主席团委员。

10月，红七军团与新红十军组成红十军团——中国工农红军北上抗日先遣队，任军政委员会主席。

1935年

1月29日，在江西省玉山县怀玉山区被俘，囚于南昌国民党驻赣绥靖公署军法处看守所，严词拒绝了国民党的劝降；在狱中，著有《可爱的中国》《狱中记实》《我从事革命斗争的略述》等约13万余字的文稿。

8月6日，被秘密杀害于江西省南昌市下沙窝，年仅36岁。